학령기 아동을 위한

읽기유창성 및 읽기이해 프로그램 _1권

I 수준

김애화 · 김의정 공저

학지사

머리말

읽기는 모든 교과 학습을 위한 도구적인 역할을 하므로 교과 학습이 시작되는 초등학교부터 학습자는 적절한 읽기 능력을 갖추고 있어야 한다. 이러한 읽기 능력을 갖추기 위해서는 단어를 정확하게 읽을 수 있는 기초적인 능력뿐만 아니라 글을 유창하게 읽고, 읽은 글의 내용을 잘 이해하는 것이 필요하다. 특히 초등학교에서 읽기의 어려움을 보이는 경우, 이를 그대로 두면 성인이 되어서도 읽기 문제가 지속해서 나타날 수 있으므로 초등학교부터 집중적인 읽기 지도를 하는 것이 바람직하다.

이에 초등학교 학생의 읽기유창성 및 읽기이해 능력을 향상시키기 위한 프로그램을 개발하였다. 이 프로그램의 특징은 다음과 같다. 첫째, 각 학년에 적합하도록 지문을 활용하여 프로그램을 구성하였다. 둘째, 읽기유창성 및 읽기이해 능력을 향상시키는 데 효과성이 입증된 다양한 연구기반 교수법을 적용하여 프로그램을 구성하였다. 셋째, 읽기유창성 교수와 읽기이해 교수를 연계하여 지도할 수 있도록 프로그램을 구성하였다. 넷째, 사전평가-지도-사후평가를 통해 학습자의 읽기유창성 및 읽기이해 향상도를 점검할 수 있도록 구성하였다.

따라서 이 프로그램은 학교 내 기초학력 부진 학생 지도 및 방과 후 수업이나 학습종합클리닉센터, 개별센터 등 다양한 장면에서 읽기유창성 및 읽기이해 능력 향상이 요구되는 초등학교 학생을 지도하는 데 활용될 수 있다. 또한 읽기에 어려움을 겪는 학생, 느린 학습자, 다문화 가정 학생 등의 경우에는 초등학생뿐 아니라 중등 이상의 학생 지도 시에도 이 프로그램을 사용할 수 있을 것이다. 이 외에도 필요에 따라 가정에서 자녀의 읽기유창성 및 읽기이해 지도를 위해 활용될 수 있다. '학령기 아동을 위한 읽기유창성 및 읽기이해 프로그램'이 다양한 학습자의 읽기 능력을 향상시킬 수 있는 자료로 활용되기를 기대한다.

이 프로그램이 개발되기까지 여러 사람의 도움이 있었다. 우선, 프로그램 개발 과정에서 도움을 준 김지은 선생님, 박민정 선생님, 박선희 선생님, 정경아 선생님, 정현승 선생님에게 감사의 마음을 전한다. 또한 출판 과정에서 도움을 준 학지사 김진환 사장님과 박나리 선생님에게 감사를 드린다.

책의 구성 및 활용 방법

- 이 책은 단어, 문장, 글 수준에서의 읽기유창성 및 읽기이해를 향상시키는 것을 목표로 개발되었다.
- 이 책의 구성은 1) I 수준 읽기유창성 및 읽기이해 프로그램, 2) II 수준 읽기유창성 및 읽기이해 프로그램, 3) III 수준 읽기유창성 및 읽기이해 프로그램, 4) IV 수준 읽기유창성 및 읽기이해 프로그램, 5) V 수준 읽기유창성 및 읽기이해 프로그램, 6) VI 수준 읽기유창성 및 읽기이해 프로그램으로 구성되어 있다. 각 수준별 6회기, 총 36회기로 구성되어 있다.

  - I 수준 읽기유창성 및 읽기이해 프로그램은 초등학교 1학년 수준의 읽기 지문을 활용한 프로그램이다. 따라서 일반학생의 경우 1학년에게 적용 가능하며, 읽기에 어려움을 겪는 학생의 경우에는 1학년 이상의 학생에게도 적용 가능하다.
  - II 수준 읽기유창성 및 읽기이해 프로그램은 초등학교 2학년 수준의 읽기 지문을 활용한 프로그램이다. 따라서 일반학생의 경우 2학년에게 적용 가능하며, 읽기에 어려움을 겪는 학생의 경우에는 2학년 이상의 학생에게도 적용 가능하다.
  - III 수준 읽기유창성 및 읽기이해 프로그램은 초등학교 3학년 수준의 읽기 지문을 활용한 프로그램이다. 따라서 일반학생의 경우 3학년에게 적용 가능하며, 읽기에 어려움을 겪는 학생의 경우에는 3학년 이상의 학생에게도 적용 가능하다.
  - IV 수준 읽기유창성 및 읽기이해 프로그램은 초등학교 4학년 수준의 읽기 지문을 활용한 프로그램이다. 따라서 일반학생의 경우 4학년에게 적용 가능하며, 읽기에 어려움을 겪는 학생의 경우에는 4학년 이상의 학생에게도 적용 가능하다.
  - V 수준 읽기유창성 및 읽기이해 프로그램은 초등학교 5학년 수준의 읽기 지문을 활용한 프로그램이다. 따라서 일반학생의 경우 5학년에게 적용 가능하며, 읽기에 어려움을 겪는 학생의 경우에는 5학년 이상의 학생에게도 적용 가능하다.

- VI 수준 읽기유창성 및 읽기이해 프로그램은 초등학교 6학년 수준의 읽기 지문을 활용한 프로그램이다. 따라서 일반학생의 경우 6학년에게 적용 가능하며, 읽기에 어려움을 겪는 학생의 경우에는 중학교 학생에게도 적용 가능하다.

각 회기는 1) 사전평가, 2) 지도, 3) 사후평가로 구성되어 있다.

알아 두기

다음은 수업 전에 교수자가 알아야 하는 사항을 제시하였다. 교수자는 각 회기에서 다뤄지는 중요한 내용이나 전략에 대한 이론적인 근거를 알게 됨으로써 효과적인 수업을 진행할 수 있을 것이다.

읽기유창성이란

읽기유창성은 글을 빠르고 정확하게, 적절한 표현력을 가지고 읽는 능력을 의미한다.

읽기유창성은 왜 중요한가

읽기유창성은 글을 읽고 이해하는 능력과 높은 관련성을 지니기 때문이다.

읽기유창성을 향상시킬 수 있는 방법에는 어떤 것들이 있는가

- 학생에게 동일한 글을 최소 세 번 소리 내어 반복하여 읽도록 한다.
- 소리 내어 반복 읽기를 실시할 때, 먼저 글을 유창하게 읽는 사람(교수자나 또래)이 유창하게 글을 읽는 것을 시범 보인 다음, 학생에게 같은 글을 소리 내어 읽도록 한다.
- 학생이 글을 읽을 때 오류를 보이면 오류를 교정한다.

끊어서 반복 읽기란

1) '끊어서 반복 읽기'는 '끊어 읽기'와 '소리 내어 반복 읽기'를 결합한 교수이다.
2) 끊어 읽기: 글을 구성하는 문장들을 의미가 통하는 구나 절 단위로 끊어서 제시한다.
3) 반복 읽기: 의미가 통하는 구나 절 단위로 끊어서 제시한 지문을 소리 내어 반복적으로 읽는다. 이때, 교수자가 유창하게 글을 읽는 것을 시범 보인 후, 학생들이 세 번 이상 소리 내어 반복적으로 읽도록 하는 것이 좋다.

끊기의 기준은

- 이 프로그램에서 제시한 끊어 읽기 단위의 가장 중요한 기준은 글을 이해하는 데 도움이 되는 의미 단위로 끊는 것이었다. 기본적으로 주부와 술부를 구분하되, 겹문장의 경우에는 문장의 구조를 이해하는 데 도움이 되도록 끊음으로써 글 이해에 도움이 되도록 하였다.
- 이 프로그램에서 제시한 끊어 읽기 단위는 학생에게 도움이 되도록 제시한 하나의 예일 뿐이며, 이것이 문법적으로 정확한 단위 기준을 의미하는 것은 아니다. 또한 학생의 수준에 따라 교사는 이 프로그램에 제시한 의미 단위보다 더 많은 혹은 더 적은 어절이 포함되도록 끊을 수 있다.

이 책의 읽기유창성 프로그램은

1) 활동 1: 단어 반복 읽기

읽기 지문에서 핵심 단어이거나 어려운 단어를 선정하여, 학생이 빠르고 정확하게 단어를 읽을 수 있도록 반복 연습을 한다.

2) 활동 2: 어휘 뜻 파악하기

읽기 지문에서 핵심 단어이거나 어려운 단어를 선정하여, 학생이 단어의 뜻을 질적으로 깊이 있게 이해할 수 있도록 다양한 전략 활동을 한다.

3) 활동 3: 어구/절 반복 읽기

읽기 지문에서 어렵거나 자주 접하게 되는 어구/절을 선정하여, 학생이 빠르고 정확하게 단어를 읽을 수 있도록 반복 연습을 한다.

4) 활동 4: 글 반복 읽기

전체 읽기 지문의 단어를 학생이 빠르고 정확하게 읽을 수 있도록 세 번 이상 반복 연습을 한다.

읽기유창성 평가는 어떻게 실시하는가

1) 읽기유창성 점수는 학생이 1분 동안 올바르게 읽은 어절 수로 산출한다. 즉, '학생이 1분 동안 읽은 총 어절 수'에서 '틀리게 읽은 어절 수'를 빼서 산출한다.

읽기유창성 점수 = 1분 동안 읽은 총 어절 수 − 틀리게 읽은 어절 수

2) 평가 시 다음 사항을 유의한다.

- 학생이 글의 첫 글자를 읽음과 동시에 타이머를 누른다.
- 교사가 '시작'이라고 말한 후 3초 동안 글을 읽지 않으면, 두 번째 어절을 손으로 가리키며 '다음'이라고 빠르게 말하고, 못 읽은 어절은 오답 처리한다.

- 학생이 3초 동안 글을 읽지 않을 경우, 다음 어절을 손으로 가리키며 '다음'이라고 빠르게 말하고, 못 읽은 어절은 오답 처리한다.
- 학생이 3초 안에 스스로 교정하면 그 위에 SC(Self-Correct)라고 쓰고 정답으로 처리한다.
- 학생이 한 줄 전체를 건너뛰고 읽었을 경우에는 그 줄에 표시하고 검사를 그대로 진행시키되, 생략한 부분을 오답 처리한다(1분 동안 측정하는 검사이기 때문에 검사 중간에 빠트린 부분을 다시 읽도록 지시할 경우 시간이 소요되므로 학생을 방해하지 않고 그대로 검사를 진행시킨다).
- 학생이 틀리게 읽은 어절 위에 / 표시를 한다.
- 1분이 종료되면 학생이 읽은 마지막 어절에 ⌟ 표시를 한다.

읽기이해란

읽기이해는 글의 내용을 자신의 선행 지식과 연결 지으면서 의미를 형성해 가는 과정이다. 성공적인 읽기이해를 위해서는 주요 내용을 중심으로 글의 의미를 파악할 뿐 아니라, 내용을 자신의 선행 지식과 연결 지어 글의 주제를 파악하는 것이 중요하다.

읽기이해는 왜 중요한가

읽기이해는 읽기 교수의 궁극적인 목표로, 읽기 교수의 핵심이다.

읽기이해를 향상시킬 수 있는 방법에는 어떤 것들이 있는가

- 이야기글을 이해하는 데 도움을 주는 대표적인 전략은 이야기 지도(story map)의 요소에 해당하는 내용을 파악하는 것이다.
- 이야기 지도의 요소에는 인물, 시간, 장소, 사건들, 끝이 포함되며, 이야기글에서 주요 내용을 간추리기 위해서는 이러한 이야기 지도의 요소에 해당하는 내용을 파악하면 도움이 된다.
- 이야기 지도의 요소별 내용을 정리할 때, 그래픽 조직자를 활용하면 도움이 된다.

이야기 지도의 요소

1) 인물(이야기에 등장하는 인물)
2) 시장(이야기가 일어나는 시간과 장소)
3) 사건들(인물에게 일어난 사건들)
4) 끝(이야기의 끝)

글의 주제

글의 주제는 글쓴이가 말하고자 하는 생각이나 의견을 의미하며, 이야기글에서 글의 주제를 파악하는 것은 중요하다.

이 책의 읽기이해 프로그램은

1) 활동 1: 이야기 지도 알기

이야기 지도의 목적과 이야기 지도의 요소를 파악하는 활동을 한다.

2) 활동 2: 이야기 지도 전략을 사용하여 글의 내용 파악하기

그래픽 조직자에서 제시된 순서에 따라, 이야기 지도의 요소별 내용을 파악하여 기록하는 활동을 한다.

3) 활동 3: 글의 주제 파악하기

글에 제시되어 있지 않은 '글의 주제'를 파악하기 위해 글의 내용을 바탕으로 '~를 해야 한다.' 또는 '~를 하지 말아야 한다.'의 문장을 완성하는 활동을 한다.

읽기이해 평가는 어떻게 실시하는가

1) 글을 읽은 후, 읽기이해 질문을 통해 글의 내용에 대한 이해 정도를 파악한다.

읽기이해 점수 = 맞은 문항의 개수

2) 평가 시 다음 사항을 유의한다.

- 전체 지문을 소리 내지 않고 눈으로 읽도록 한다.
- 〈3~7번까지〉 문항의 답에 학생이 한두 단어로 간단하게 답할 경우, "좀 더 자세히 말해 볼래요?" 또는 "좀 더 자세히 써 보세요."라고 반드시 추가 질문을 한다. 추가 질문을 하였는데도, 같은 답을 반복하거나 정답에 제시된 내용을 말하지 못하면 오답으로 간주한다.
- 7번 추론 문항의 경우에는 지문에 근거하여 답을 하였을 경우에는 정답으로 간주한다. 지문의 내용과 무관하게 학생 자신의 사전지식이나 경험에 근거하여 답할 경우, 오답으로 간주한다.
- 채점 시, 답안에 있는 내용을 그대로 말하지 않더라도 질문의 요지를 파악하고 답을 하였을 경우 정답으로 간주한다.

차례

1. 사람을 구한 쥐

학 ◇ 습 ◇ 목 ◇ 표

- 글을 읽을 때, 적당한 부분에서 글을 빠르고 정확하게 끊어 읽을 수 있다.
- 글을 읽고, 글의 중심내용과 글의 주제를 파악할 수 있다.

사 ◇ 전 ◇ 평 ◇ 가

지시문

앞에 있는 종이에 글이 있어요. 이제 선생님이 "시작"이라고 하면(학생용 평가지의 첫 어절을 손가락으로 가리킨 후, 계속 훑으면서) 처음부터 읽기 시작해서 "그만"이라고 할 때까지 최대한 정확하게, 그리고 최대한 빨리 읽으세요. 글을 읽다가 모르는 글자가 나오면 선생님이 어떻게 해야 할지 알려 줄게요. 최선을 다하세요. 질문 있어요? (질문이 있으면 질문에 대답한다.) 준비, 시작. (학생이 첫 어절을 말함과 동시에 타이머를 누르고 1분간 학생의 반응을 기록한 뒤 1분이 지나면 "그만"이라고 말한다.)

옛날 호랑이가 담배 피던 시절이었지. 어느 산마을에 오막살이가 하나 있었어. 그 집에는 할아버지, 할머니, 아버지, 어머니, 아이들 일곱, 모두 열한 식구가 살았어. 비록 넉넉하지는 않았지만 열심히 농사를 지었지. 농사를 지어 거둔 곡식을 곳간에 두었어. 그런데 쥐들이 모여들어 몰래 먹지 뭐야. 다른 집들은 쥐를 잡으려고 야단이었지. 그런데 이 집은 쥐들을 그냥 두었어. 저것들도 살려는데 어찌 죽이나 하면서 말이야. 그래서 이 집에는 쥐가 많았지.

어느 여름에 큰 장마가 왔어. 산사태가 나고 홍수가 나고 난리였어. 하루는 식구들이 모두 점심을 먹었지. 그런데 갑자기 이상한 일이 일어났어. 곳간에 있던 쥐들이 마당으로 모였어. 한 쥐 위에 다른 쥐가 탔어. 그리고 그 위에 또 다른 쥐가 탔지. 이렇게 쥐들이 목말을 타고 밖으로 나갔어. 식구들은 너무 신기해서 우르르 따라갔지. 그 사이에 뒷산이 무너졌어. 그래서 집이 흙더미에 깔려 망가졌지. 식구들은 쥐들 덕분에 목숨을 구했어. 쥐들도 착한 사람에게는 은혜를 갚았던 거야.

읽기유창성 점수: ____________

▶ 사전평가와 사후평가의 지문은 학지사 홈페이지(http://www.hakjisa.co.kr)에서 내려받을 수 있습니다.

1 단어를 빠르고 정확하게 읽기

다음 단어를 바르게 읽어 봅시다

오막살이가	비록
넉넉하지는	곳간에
장마가	산사태가
난리였어	목말을
무너졌어	흙더미에

다음 단어들을 빠르고 정확하게 읽어 봅시다

오막살이가	비록	넉넉하지는	곳간에	장마가
산사태가	난리였어	목말을	흙더미에	무너졌어
넉넉하지는	곳간에	산사태가	무너졌어	오막살이가
목말을	장마가	흙더미에	비록	난리였어
장마가	곳간에	목말을	넉넉하지는	비록
오막살이가	비록	무너졌어	산사태가	넉넉하지는
비록	산사태가	곳간에	목말을	오막살이가
무너졌어	넉넉하지는	장마가	난리였어	흙더미에
산사태가	목말을	난리였어	흙더미에	곳간에
넉넉하지는	오막살이가	비록	장마가	무너졌어

▶ 이 페이지의 내용은 복사하거나 학지사 홈페이지(http://www.hakjisa.co.kr)에서 내려받아 사용하세요!

2 어휘의 뜻 알아보기

다음 단어를 알아봅시다

예시문을 읽고, 내가 생각하는 단어의 뜻을 써 봅시다.

올바른 단어의 뜻을 써 봅시다.

정의

비슷한 말

-
-
-

넉넉하다

예시문 비록 넉넉하지는 않았지만 열심히 농사를 지었지.

반대말

-
-
-

문장 만들기

비슷한 말을 넣어서 문장을 완성해 봅시다.

비록 ________ 않았지만 열심히 농사를 지었지.

새로운 문장을 만들어 써 봅시다.

도전문제

살림이 넉넉하지 않을 때, 내가 가족을 위해 도울 수 있는 방법에는 어떤 것이 있을까요?

예시문을 읽고, 내가 생각하는 단어의 뜻을 써 봅시다.

올바른 단어의 뜻을 써 봅시다.

정의

장마

예시문 어느 여름에 큰 장마가 왔어.

반대말

•

•

•

문장 만들기

새로운 문장을 만들어 써 봅시다.

도전문제

장마를 경험해 본 적이 있나요? 장마 때는 어떤 놀이를 할 수 있나요?

예시문을 읽고, 내가 생각하는 단어의 뜻을 써 봅시다.

____

올바른 단어의 뜻을 써 봅시다.

____

정의

곳간

예시문 농사를 지어 거둔 곡식을 곳간에 두었어.

비슷한 말

- ______________
- ______________
- ______________

문장 만들기

비슷한 말을 넣어서 문장을 완성해 봅시다.

농사를 지어 거둔 곡식을 ______________ 에 두었어.

새로운 문장을 만들어 써 봅시다.

____

도전문제

곳간에 무엇을 저장하나요?

____

____

예시문을 읽고, 내가 생각하는 단어의 뜻을 써 봅시다.

____

올바른 단어의 뜻을 써 봅시다.

____

정의

비슷한 말
- ________
- ________
- ________

은혜

예시문 쥐들도 착한 사람에게는 은혜를 갚았던 거야.

반대말
- ________
- ________
- ________

문장 만들기

비슷한 말을 넣어서 문장을 완성해 봅시다.

쥐들도 착한 사람에게는 ________ 를 갚았던 거야.

새로운 문장을 만들어 써 봅시다.

____

도전문제

부모님께서는 우리에게 어떤 은혜를 베풀어 주셨나요? 부모님의 은혜에 보답하려면 어떻게 해야 하나요?

____

____

다음 보기의 단어 중, 문장에 알맞은 단어를 써 봅시다.

보기

갚았다, 곳간, 넉넉하다, 장마, 은혜

1 부모님이 남겨 놓은 재산으로 살림이 ____________.

2 스승의 날은 선생님의 ____________에 보답하는 날이다.

3 마음씨 좋은 최 부자는 ____________을 열어 쌀을 가난한 사람들에게 나누어 주었다.

4 까치는 흥부에게 은혜를 ____________.

5 엄마가 ____________를 대비해 우산과 장화를 사 주셨다.

3 어구를 빠르고 정확하게 읽기

다음 어구를 바르게 읽어 봅시다

담배 피던 시절이었지	넉넉하지는 않았지만
농사를 지어 거둔 곡식을	쥐를 잡으려고 야단이었지
쥐들을 그냥 두었어	곳간에 있던 쥐들이
목말을 타고	흙더미에 깔려 망가졌지
쥐들 덕분에	은혜를 갚았던 거야

▶ 이 페이지의 내용은 복사하거나 학지사 홈페이지(http://www.hakjisa.co.kr)에서 내려받아 사용하세요!

다음 어구/절들을 빠르고 정확하게 읽어 봅시다

담배 피던 시절이었지	넉넉하지는 않았지만	농사를 지어 거둔 곡식을
쥐를 잡으려고 야단이었지	쥐들을 그냥 두었어	곳간에 있던 쥐들이
목말을 타고	흙더미에 깔려 망가졌지	쥐들 덕분에
은혜를 갚았던 거야	곳간에 있던 쥐들이	담배 피던 시절이었지
농사를 지어 거둔 곡식을	넉넉하지는 않았지만	은혜를 갚았던 거야
흙더미에 깔려 망가졌지	쥐를 잡으려고 야단이었지	목말을 타고
곳간에 있던 쥐들이	담배 피던 시절이었지	농사를 지어 거둔 곡식을
넉넉하지는 않았지만	쥐들을 그냥 두었어	흙더미에 깔려 망가졌지
쥐들 덕분에	목말을 타고	쥐를 잡으려고 야단이었지
쥐들을 그냥 두었어	농사를 지어 거둔 곡식을	은혜를 갚았던 거야
쥐를 잡으려고 야단이었지	쥐들 덕분에	넉넉하지는 않았지만
곳간에 있던 쥐들이	은혜를 갚았던 거야	목말을 타고
농사를 지어 거둔 곡식을	흙더미에 깔려 망가졌지	담배 피던 시절이었지
목말을 타고	쥐들을 그냥 두었어	쥐들 덕분에
은혜를 갚았던 거야	쥐를 잡으려고 야단이었지	넉넉하지는 않았지만
쥐들 덕분에	담배 피던 시절이었지	곳간에 있던 쥐들이
흙더미에 깔려 망가졌지	쥐를 잡으려고 야단이었지	쥐들을 그냥 두었어

4 글을 빠르고 정확하게 읽기

다음 글을 / 표시된 곳에서 끊어 읽어 봅시다. 읽을 때 빠르고 정확하게 읽도록 합시다

옛날 / 호랑이가 / 담배 피던 시절이었지. / 어느 산마을에 / 오막살이가 / 하나 있었어. / 그 집에는 / 할아버지, / 할머니, / 아버지, / 어머니, / 아이들 일곱, /모두 / 열한 식구가 / 살았어. / 비록 / 넉넉하지는 않았지만 / 열심히 농사를 지었지. / 농사를 지어 거둔 곡식을 / 곳간에 두었어. / 그런데 / 쥐들이 / 모여들어 / 몰래 / 먹지 뭐야. / 다른 집들은 / 쥐를 잡으려고 야단이었지. / 그런데 / 이 집은 / 쥐들을 그냥 두었어. / 저것들도 살려는데 / 어찌 죽이나 / 하면서 말이야. / 그래서 / 이 집에는 / 쥐가 / 많았지. /

어느 여름에 / 큰 장마가 / 왔어. / 산사태가 나고 / 홍수가 나고 / 난리였어. / 하루는 / 식구들이 / 모두 점심을 먹었지. / 그런데 / 갑자기 / 이상한 일이 / 일어났어. / 곳간에 있던 쥐들이 / 마당으로 / 모였어. / 한 쥐 위에 / 다른 쥐가 / 탔어. / 그리고 / 그 위에 / 또 다른 쥐가 / 탔지. / 이렇게 쥐들이 / 목말을 타고 / 밖으로 나갔어. / 식구들은 / 너무 신기해서 / 우르르 따라갔지. / 그 사이에 / 뒷산이 / 무너졌어. / 그래서 / 집이 / 흙더미에 깔려 망가졌지. / 식구들은 / 쥐들 덕분에 / 목숨을 구했어. / 쥐들도 / 착한 사람에게는 / 은혜를 갚았던 거야. /

5 이야기 지도 알아보기

'이야기 지도'가 무엇인지 알아봅시다

1 다음 그림은 무엇인가요?

2 지도는 우리에게 어떤 도움을 주나요?

3 이야기 지도 소개하기: 이야기 지도 구성 요소를 알아봅시다.

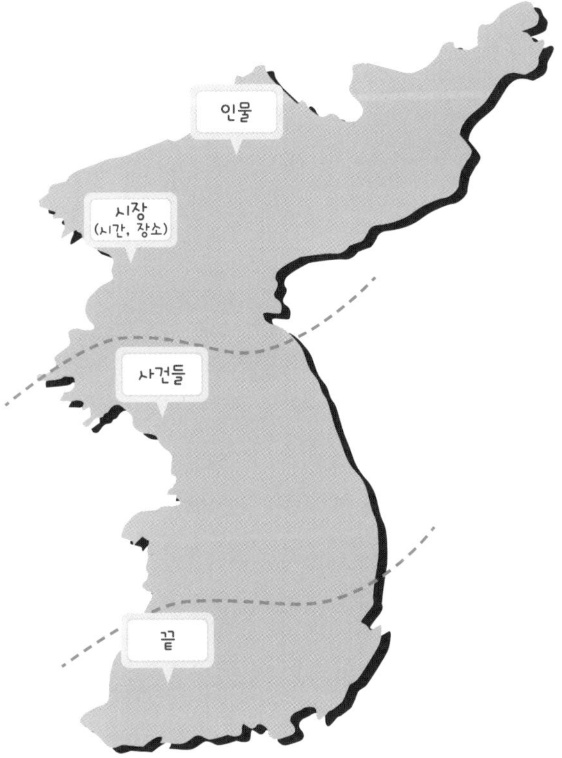

- 지도가 우리가 길을 찾도록 도움을 주는 것처럼, 이야기 지도는 ____________ 사용하는 지도입니다.

- 이야기 지도에는 ________, ________, ________, ________이 있습니다. 여기서 '인물, 시장, 사건들, 끝'은 기억 전략입니다. 이 기억 전략은 이야기 지도를 잘 기억하는 데 도움을 줍니다.

인물	이야기에 등장하는 ________
시장	이야기가 일어나는 ____간과 ____소
사건들	인물들에게 일어난 ________
끝	이야기의 ________

- 이야기 지도의 기억 전략인 ________, ________, ________, ________을 알면, 글의 내용을 잘 이해할 수 있습니다. 이야기를 읽을 때, '인물, 시장, 사건들, 끝'을 기억하도록 합시다.

6 이야기 지도 사용하여 글 읽고 이해하기: 인물, 시장, 사건, 끝을 기억하며 글의 내용 파악하기

'이야기 지도(인물, 시장, 사건, 끝)'를 사용하여 글의 내용을 파악해 봅시다

사람을 구한 쥐

옛날 호랑이가 담배 피던 시절이었지. 어느 산마을에 오막살이가 하나 있었어. 그 집에는 할아버지, 할머니, 아버지, 어머니, 아이들 일곱, 모두 열한 식구가 살았어. 비록 넉넉하지는 않았지만 열심히 농사를 지었지. 농사를 지어 거둔 곡식을 곳간에 두었어. 그런데 쥐들이 모여들어 몰래 먹지 뭐야. 다른 집들은 쥐를 잡으려고 야단이었지. 그런데 이 집은 쥐들을 그냥 두었어. 저것들도 살려는데 어찌 죽이나 하면서 말이야. 그래서 이 집에는 쥐가 많았지.

어느 여름에 큰 장마가 왔어. 산사태가 나고 홍수가 나고 난리였어. 하루는 식구들이 모두 점심을 먹었지. 그런데 갑자기 이상한 일이 일어났어. 곳간에 있던 쥐들이 마당으로 모였어. 한 쥐 위에 다른 쥐가 탔어. 그리고 그 위에 또 다른 쥐가 탔지. 이렇게 쥐들이 목말을 타고 밖으로 나갔어. 식구들은 너무 신기해서 우르르 따라갔지. 그 사이에 뒷산이 무너졌어. 그래서 집이 흙더미에 깔려 망가졌지. 식구들은 쥐들 덕분에 목숨을 구했어. 쥐들도 착한 사람에게는 은혜를 갚았던 거야.

제목: 사람을 구한 쥐

1 **인물** 이야기에 등장하는 인물은 누구인가요?

2 **시간과 장소** 언제, 어디에서 일어난 이야기인가요?

시간:

장소:

3 **사건들** 인물에게 어떤 일들이 일어났나요? 일이 어떠한 차례로 일어났나요?

4 **끝** 이야기가 어떻게 끝났나요?

7 글의 주제 알기

글의 주제를 알아봅시다

글의 주제는 글쓴이가 읽는 이에게 말하고자 하는 생각 또는 의견입니다. 글의 주제는 '~하자. 해야 한다' 또는 '~하지 말자. 하지 말아야 한다'로 만들 수 있습니다.

'사람을 구한 쥐'를 읽고, 글의 주제를 써 봅시다.

읽기유창성

지시문

앞에 있는 종이에 글이 있어요. 이제 선생님이 "시작"이라고 하면(학생용 평가지의 첫 어절을 손가락으로 가리킨 후, 계속 훑으면서) 처음부터 읽기 시작해서 "그만"이라고 할 때까지 최대한 정확하게, 그리고 최대한 빨리 읽으세요. 글을 읽다가 모르는 글자가 나오면 선생님이 어떻게 해야 할지 알려 줄게요. 최선을 다하세요. 질문 있어요? (질문이 있으면 질문에 대답한다.) 준비, 시작. (학생이 첫 어절을 말함과 동시에 타이머를 누르고 1분간 학생의 반응을 기록한 뒤 1분이 지나면 "그만"이라고 말한다.)

옛날 호랑이가 담배 피던 시절이었지. 어느 산마을에 오막살이가 하나 있었어. 그 집에는 할아버지, 할머니, 아버지, 어머니, 아이들 일곱, 모두 열한 식구가 살았어. 비록 넉넉하지는 않았지만 열심히 농사를 지었지. 농사를 지어 거둔 곡식을 곳간에 두었어. 그런데 쥐들이 모여들어 몰래 먹지 뭐야. 다른 집들은 쥐를 잡으려고 야단이었지. 그런데 이 집은 쥐들을 그냥 두었어. 저것들도 살려는데 어찌 죽이나 하면서 말이야. 그래서 이 집에는 쥐가 많았지.

어느 여름에 큰 장마가 왔어. 산사태가 나고 홍수가 나고 난리였어. 하루는 식구들이 모두 점심을 먹었지. 그런데 갑자기 이상한 일이 일어났어. 곳간에 있던 쥐들이 마당으로 모였어. 한 쥐 위에 다른 쥐가 탔어. 그리고 그 위에 또 다른 쥐가 탔지. 이렇게 쥐들이 목말을 타고 밖으로 나갔어. 식구들은 너무 신기해서 우르르 따라갔지. 그 사이에 뒷산이 무너졌어. 그래서 집이 흙더미에 깔려 망가졌지. 식구들은 쥐들 덕분에 목숨을 구했어. 쥐들도 착한 사람에게는 은혜를 갚았던 거야.

읽기유창성 점수: ______

▶ 사전평가와 사후평가의 지문은 학지사 홈페이지(http://www.hakjisa.co.kr)에서 내려받을 수 있습니다.

읽기이해

다음 질문에 최대한 자세히 답을 써 주세요.
(※ 쓰는 것이 어려운 학생의 경우, 구두로 답하도록 하세요.)

1 이야기에 나오는 등장인물은 누구인가요? 두 인물을 써 보세요.

2 언제, 어디에서 있었던 일인가요?

1) 언제:

2) 어디서:

3 사람들이 왜 쥐를 잡으려고 하였나요?

4 여름에 이 마을에서 어떤 일이 일어났나요?

5 쥐들은 어떻게 밖으로 나갔나요?

6 쥐들이 식구를 어떻게 구하였나요?

7 식구는 쥐에게 어떤 마음을 가지게 되었을까요? 그것을 어떻게 알 수 있는지 글에서 찾아 써 보세요.

1) 어떤 마음일까요?

2) 그것을 어떻게 알 수 있나요?

2. 아직도 굴러가는 호박

학 ◇ 습 ◇ 목 ◇ 표

- 글을 읽을 때, 적당한 부분에서 글을 빠르고 정확하게 끊어 읽을 수 있다.
- 글을 읽고, 글의 중심내용과 글의 주제를 파악할 수 있다.

사 ◇ 전 ◇ 평 ◇ 가

지시문

앞에 있는 종이에 글이 있어요. 이제 선생님이 "시작"이라고 하면(학생용 평가지의 첫 어절을 손가락으로 가리킨 후, 계속 훑으면서) 처음부터 읽기 시작해서 "그만"이라고 할 때까지 최대한 정확하게, 그리고 최대한 빨리 읽으세요. 글을 읽다가 모르는 글자가 나오면 선생님이 어떻게 해야 할지 알려 줄게요. 최선을 다하세요. 질문 있어요? (질문이 있으면 질문에 대답한다.) 준비, 시작. (학생이 첫 어절을 말함과 동시에 타이머를 누르고 1분간 학생의 반응을 기록한 뒤 1분이 지나면 "그만"이라고 말한다.)

옛날에 어떤 사람이 호박을 사러 갔어요. 그런데 호박을 파는 곳이 멀어요. 멀리 멀리 호박가게를 찾아 갔지요. 그러다 호박 살 돈을 다 썼답니다.

그래서 여기저기 돌아다니면서 돈을 벌었어요. 남의 집 머슴도 살았지요. 날품도 팔고 등짐장사도 했지요. 이렇게 해서 돈을 많이 벌었어요. 그래서 다시 호박을 사러 갔습니다.

가다가 보니 높은 산이 나왔어요. 그래서 산을 올라가고 또 올라갔어요. 자꾸자꾸 올라가니 호박가게가 나왔지요. 세상에서 가장 큰 호박을 샀어요.

호박이 커서 굴려 가기로 했지요. 그런데 어찌나 크던지 움직이질 않아요. 그래서 둘이 힘을 합쳐 굴렸지요. 이번에도 움직이질 않아 넷이 굴렸지요. 이번에도 움직이질 않아 여섯이서 굴렸지요. 이번에도 움직이질 않아 여덟이서 굴렸지요. 그래도 움직이질 않아 개미처럼 많이 달라붙어 굴렸답니다. 그제야 호박이 데굴데굴 굴러갔어요. 산이 어찌나 높은지 데굴데굴데굴데굴 굴렀어요. 그 호박이 아직도 데굴데굴데굴데굴데굴데굴데굴데굴 굴러갑니다.

읽기유창성 점수: ______________

▶ 사전평가와 사후평가의 지문은 학지사 홈페이지(http://www.hakjisa.co.kr)에서 내려받을 수 있습니다.

1 단어를 빠르고 정확하게 읽기

다음 단어를 바르게 읽어 봅시다

굴러가는	썼답니다
벌었어요	머슴도
날품도	등짐장사도
샀어요	움직이질
여덟이서	달라붙어

▶ 이 페이지의 내용은 복사하거나 학지사 홈페이지(http://www.hakjisa.co.kr)에서 내려받아 사용하세요!

다음 단어들을 빠르고 정확하게 읽어 봅시다

굴러가는	썼답니다	벌었어요	머슴도	날품도
등짐장사도	샀어요	움직이질	여덟이서	달라붙어
벌었어요	머슴도	등짐장사도	달라붙어	굴러가는
움직이질	날품도	여덟이서	썼답니다	샀어요
날품도	머슴도	움직이질	벌었어요	썼답니다
굴러가는	썼답니다	달라붙어	등짐장사도	벌었어요
썼답니다	등짐장사도	머슴도	움직이질	굴러가는
달라붙어	벌었어요	날품도	샀어요	여덟이서
등짐장사도	움직이질	샀어요	여덟이서	머슴도
벌었어요	굴러가는	썼답니다	날품도	달라붙어

이 페이지의 내용은 복사하거나 학지사 홈페이지(http://www.hakjisa.co.kr)에서 내려받아 사용하세요!

2 어휘의 뜻 알아보기

다음 단어를 알아봅시다

예시문을 읽고, 내가 생각하는 단어의 뜻을 써 봅시다.

올바른 단어의 뜻을 써 봅시다.

정의

썼다

예시문 그러다 호박 살 돈을 다 썼답니다.

비슷한 말

-
-
-

문장 만들기

비슷한 말을 넣어서 문장을 완성해 봅시다.

그러다 호박 살 돈을 다 ________.

새로운 문장을 만들어 써 봅시다.

도전문제

부모님께 돈을 받아, 물건을 사기 위해 그 돈을 썼던 경험이 있나요?

예시문을 읽고, 내가 생각하는 단어의 뜻을 써 봅시다.

올바른 단어의 뜻을 써 봅시다.

정의

날품

예시문 날품도 팔고 등짐장사도 했지요.

문장 만들기

새로운 문장을 만들어 써 봅시다.

도전문제

날품을 파는 사람을 본 적이 있나요? 어떤 일을 하는 사람이었나요?

예시문을 읽고, 내가 생각하는 단어의 뜻을 써 봅시다.

올바른 단어의 뜻을 써 봅시다.

정의

등짐장사

예시문 날품도 팔고 등짐장사도 했지요.

문장 만들기

새로운 문장을 만들어 써 봅시다.

도전문제

등짐장사는 어떤 물건을 팔 수 있을까요? 왜 그렇게 생각하나요?

예시문을 읽고, 내가 생각하는 단어의 뜻을 써 봅시다.

올바른 단어의 뜻을 써 봅시다.

정의

달라붙다

예시문 그래도 움직이질 않아 개미처럼 많이 달라붙어 굴렸답니다.

비슷한 말

-
-
-

문장 만들기

비슷한 말을 넣어서 문장을 완성해 봅시다.

그래도 움직이질 않아 개미처럼 많이 ____________ 굴렸답니다.

새로운 문장을 만들어 써 봅시다.

도전문제

책상 앞에 달라붙어 무언가를 열심히 한 적이 있나요?

예시문을 읽고, 내가 생각하는 단어의 뜻을 써 봅시다.

올바른 단어의 뜻을 써 봅시다.

정의

합치다

비슷한 말

-
-
-

예시문 그래서 둘이 힘을 합쳐 굴렸지요.

문장 만들기

비슷한 말을 넣어서 문장을 완성해 봅시다.

그래서 둘이 힘을 ______ 굴렸지요.

새로운 문장을 만들어 써 봅시다.

도전문제

여러 명이 힘을 합쳐 무엇인가를 이루어 낸 적이 있나요?

다음 보기의 단어 중, 문장에 알맞은 단어를 써 봅시다.

보기

써서, 달라붙어, 날품, 합쳐, 등짐장사

1 그는 가난하여 ______________ 을 팔아 돈을 마련했다.

2 아이들은 창문에 ______________ 밖을 내다보았다.

3 그는 물건을 지게에 지고 팔러 다니는 ______________ 를 하였다.

4 그들은 서로 힘을 ______________ 그 일을 해냈다.

5 그는 너무 많은 돈을 ______________ 빈털터리가 되었다.

3 어구를 빠르고 정확하게 읽기

다음 어구를 바르게 읽어 봅시다

호박 살 돈을 다 썼답니다	여기저기 돌아다니면서
날품도 팔고	등짐장사도 했지요
가다가 보니	어찌나 크던지
힘을 합쳐 굴렸지요	이번에도 움직이질 않아
산이 어찌나 높은지	

▶ 이 페이지의 내용은 복사하거나 학지사 홈페이지(http://www.hakjisa.co.kr)에서 내려받아 사용하세요!

다음 어구/절들을 빠르고 정확하게 읽어 봅시다

호박 살 돈을 다 썼답니다	여기저기 돌아다니면서	날품도 팔고
등짐장사도 했지요	가다가 보니	어찌나 크던지
힘을 합쳐 굴렸지요	이번에도 움직이질 않아	산이 어찌나 높은지
어찌나 크던지	호박 살 돈을 다 썼답니다	날품도 팔고
여기저기 돌아다니면서	이번에도 움직이질 않아	등짐장사도 했지요
힘을 합쳐 굴렸지요	어찌나 크던지	호박 살 돈을 다 썼답니다
날품도 팔고	여기저기 돌아다니면서	가다가 보니
이번에도 움직이질 않아	산이 어찌나 높은지	힘을 합쳐 굴렸지요
등짐장사도 했지요	가다가 보니	날품도 팔고
이번에도 움직이질 않아	산이 어찌나 높은지	여기저기 돌아다니면서
어찌나 크던지	힘을 합쳐 굴렸지요	산이 어찌나 높은지
등짐장사도 했지요	호박 살 돈을 다 썼답니다	가다가 보니
산이 어찌나 높은지	힘을 합쳐 굴렸지요	날품도 팔고
여기저기 돌아다니면서	어찌나 크던지	이번에도 움직이질 않아
가다가 보니	호박 살 돈을 다 썼답니다	등짐장사도 했지요
날품도 팔고	등짐장사도 했지요	산이 어찌나 높은지

▶ 이 페이지의 내용은 복사하거나 학지사 홈페이지(http://www.hakjisa.co.kr)에서 내려받아 사용하세요!

4 글을 빠르고 정확하게 읽기

다음 글을 / 표시된 곳에서 끊어 읽어 봅시다. 읽을 때 빠르고 정확하게 읽도록 합시다

옛날에 / 어떤 사람이 / 호박을 사러 갔어요. / 그런데 / 호박을 파는 곳이 / 멀어요. / 멀리 멀리 / 호박가게를 찾아 갔지요. / 그러다 / 호박 살 돈을 다 썼답니다. /

그래서 / 여기저기 돌아다니면서 / 돈을 벌었어요. / 남의 집 머슴도 / 살았지요. / 날품도 팔고 / 등짐장사도 했지요. / 이렇게 해서 / 돈을 많이 벌었어요. / 그래서 / 다시 / 호박을 사러 갔습니다. /

가다가 보니 / 높은 산이 나왔어요. / 그래서 / 산을 올라가고 / 또 올라갔어요. / 자꾸자꾸 올라가니 / 호박가게가 나왔지요. / 세상에서 / 가장 큰 호박을 샀어요. /

호박이 커서 / 굴려 가기로 했지요. / 그런데 / 어찌나 크던지 / 움직이질 않아요. / 그래서 / 둘이 / 힘을 합쳐 굴렸지요. / 이번에도 움직이질 않아 / 넷이 굴렸지요. / 이번에도 움직이질 않아 / 여섯이서 굴렸지요. / 이번에도 움직이질 않아 / 여덟이서 굴렸지요. / 그래도 움직이질 않아 / 개미처럼 / 많이 달라붙어 굴렸답니다. / 그제야 / 호박이 / 데굴데굴 굴러갔어요. / 산이 어찌나 높은지 / 데굴데굴데굴데굴 굴렀어요. / 그 호박이 / 아직도 / 데굴데굴데굴데굴데굴데굴데굴데굴 굴러갑니다. /

6 이야기 지도 사용하여 글 읽고 이해하기: 인물, 시장, 사건, 끝을 기억하며 글의 내용 파악하기

'이야기 지도(인물, 시장, 사건, 끝)'를 사용하여 글의 내용을 파악해 봅시다

아직도 굴러가는 호박

옛날에 어떤 사람이 호박을 사러 갔어요. 그런데 호박을 파는 곳이 멀어요. 멀리 멀리 호박가게를 찾아 갔지요. 그러다 호박 살 돈을 다 썼답니다.

그래서 여기저기 돌아다니면서 돈을 벌었어요. 남의 집 머슴도 살았지요. 날품도 팔고 등짐장사도 했지요. 이렇게 해서 돈을 많이 벌었어요. 그래서 다시 호박을 사러 갔습니다.

가다가 보니 높은 산이 나왔어요. 그래서 산을 올라가고 또 올라갔어요. 자꾸자꾸 올라가니 호박가게가 나왔지요. 세상에서 가장 큰 호박을 샀어요.

호박이 커서 굴려 가기로 했지요. 그런데 어찌나 크던지 움직이질 않아요. 그래서 둘이 힘을 합쳐 굴렸지요. 이번에도 움직이질 않아 넷이 굴렸지요. 이번에도 움직이질 않아 여섯이서 굴렸지요. 이번에도 움직이질 않아 여덟이서 굴렸지요. 그래도 움직이질 않아 개미처럼 많이 달라붙어 굴렸답니다. 그제야 호박이 데굴데굴 굴러갔어요. 산이 어찌나 높은지 데굴데굴데굴데굴 굴렀어요. 그 호박이 아직도 데굴데굴데굴데굴데굴데굴데굴데굴 굴러갑니다.

제목: 아직도 굴러가는 호박

1 인물 이야기에 등장하는 인물은 누구인가요?

2 시간과 장소 언제, 어디에서 일어난 이야기인가요?

시간:

장소:

3 사건들 인물에게 어떤 일들이 일어났나요? 일이 어떠한 차례로 일어났나요?

4 끝 이야기가 어떻게 끝났나요?

7 글의 주제 알기

글의 주제를 알아봅시다

글의 주제는 글쓴이가 읽는 이에게 말하고자 하는 생각 또는 의견입니다. 글의 주제는 '~하자. 해야 한다' 또는 '~하지 말자. 하지 말아야 한다'로 만들 수 있습니다.

'아직도 굴러가는 호박'을 읽고, 글의 주제를 써 봅시다.

읽기유창성

지시문

앞에 있는 종이에 글이 있어요. 이제 선생님이 "시작"이라고 하면(학생용 평가지의 첫 어절을 손가락으로 가리킨 후, 계속 훑으면서) 처음부터 읽기 시작해서 "그만"이라고 할 때까지 최대한 정확하게, 그리고 최대한 빨리 읽으세요. 글을 읽다가 모르는 글자가 나오면 선생님이 어떻게 해야 할지 알려 줄게요. 최선을 다하세요. 질문 있어요? (질문이 있으면 질문에 대답한다.) 준비, 시작. (학생이 첫 어절을 말함과 동시에 타이머를 누르고 1분간 학생의 반응을 기록한 뒤 1분이 지나면 "그만"이라고 말한다.)

옛날에 어떤 사람이 호박을 사러 갔어요. 그런데 호박을 파는 곳이 멀어요. 멀리 멀리 호박가게를 찾아 갔지요. 그러다 호박 살 돈을 다 썼답니다.

그래서 여기저기 돌아다니면서 돈을 벌었어요. 남의 집 머슴도 살았지요. 날품도 팔고 등짐장사도 했지요. 이렇게 해서 돈을 많이 벌었어요. 그래서 다시 호박을 사러 갔습니다.

가다가 보니 높은 산이 나왔어요. 그래서 산을 올라가고 또 올라갔어요. 자꾸자꾸 올라가니 호박가게가 나왔지요. 세상에서 가장 큰 호박을 샀어요.

호박이 커서 굴려 가기로 했지요. 그런데 어찌나 크던지 움직이질 않아요. 그래서 둘이 힘을 합쳐 굴렸지요. 이번에도 움직이질 않아 넷이 굴렸지요. 이번에도 움직이질 않아 여섯이서 굴렸지요. 이번에도 움직이질 않아 여덟이서 굴렸지요. 그래도 움직이질 않아 개미처럼 많이 달라붙어 굴렸답니다. 그제야 호박이 데굴데굴 굴러갔어요. 산이 어찌나 높은지 데굴데굴데굴데굴 굴렀어요. 그 호박이 아직도 데굴데굴데굴데굴데굴데굴데굴데굴 굴러갑니다.

읽기유창성 점수: ______

▶ 사전평가와 사후평가의 지문은 학지사 홈페이지(http://www.hakjisa.co.kr)에서 내려받을 수 있습니다.

읽기이해

다음 질문에 최대한 자세히 답을 써 주세요.
(※ 쓰는 것이 어려운 학생의 경우, 구두로 답하도록 하세요.)

1 이야기의 주인공이 무엇을 사러 갔나요?

2 어떤 호박을 샀나요?

3 호박 살 돈을 왜 다 써 버렸나요?

4 호박 살 돈을 벌기 위해 무엇무엇을 하였나요?

5 호박이 움직이지 않았던 까닭은 무엇일까요?

6 호박을 어떻게 움직일 수 있었나요?

7 이야기에 나오는 주인공은 어떤 인물일까요? 그것을 어떻게 알 수 있는지 글에서 찾아 써 보세요.

1) 어떤 인물일까요?

2) 그것을 어떻게 알 수 있나요?

3. 하늘을 찌른 왕대나무

학 ◇ 습 ◇ 목 ◇ 표

- 글을 읽을 때, 적당한 부분에서 글을 빠르고 정확하게 끊어 읽을 수 있다.
- 글을 읽고, 글의 중심내용과 글의 주제를 파악할 수 있다.

사 ◇ 전 ◇ 평 ◇ 가

지시문

앞에 있는 종이에 글이 있어요. 이제 선생님이 "시작"이라고 하면(학생용 평가지의 첫 어절을 손가락으로 가리킨 후, 계속 훑으면서) 처음부터 읽기 시작해서 "그만"이라고 할 때까지 최대한 정확하게, 그리고 최대한 빨리 읽으세요. 글을 읽다가 모르는 글자가 나오면 선생님이 어떻게 해야 할지 알려 줄게요. 최선을 다하세요. 질문 있어요? (질문이 있으면 질문에 대답한다.) 준비, 시작. (학생이 첫 어절을 말함과 동시에 타이머를 누르고 1분간 학생의 반응을 기록한 뒤 1분이 지나면 "그만"이라고 말한다.)

옛날 어느 마을에 형제가 살았어요. 형은 욕심이 많고 아우는 착했지요. 처음에 형제는 어머니를 모시고 살았어요. 그런데 어머니가 병들자 형이 내쫓았지요. 하지만 아우는 정성껏 어머니를 모셨답니다.

하루는 아우가 팥죽을 품삯으로 받았어요. 어머니 생각에 하나도 먹지 않고 가져갔지요. 그런데 고개를 넘다 꿩을 만났어요. 며칠을 굶었는지 날개가 축 늘어졌지요. 아우는 너무 불쌍해서 팥죽을 먹였어요. 꿩이 팥죽을 받아먹더니 말을 했답니다.

"고마워요, 하지만 전 죽을 몸이에요. 제가 죽거든 제 무덤 위에 물을 주세요."

아우는 꿩이 죽자 시키는 대로 했어요. 그랬더니 꿩의 무덤에 왕대나무가 올라왔지요. 물을 주면 주는 대로 자라났어요. 일주일이 지나니까 왕대나무가 하늘까지 닿았어요. 그러다가 하늘나라 곳간을 찔렀던 거예요. 그러니 뚫린 구멍으로 쌀이 쏟아졌지요. 아우는 쌀을 팔아 부자가 되었답니다.

읽기유창성 점수: ____________

▸ 사전평가와 사후평가의 지문은 학지사 홈페이지(http://www.hakjisa.co.kr)에서 내려받을 수 있습니다.

1 단어를 빠르고 정확하게 읽기

다음 단어를 바르게 읽어 봅시다

형제가	내쫓았지요
정성껏	품삯으로
굶었는지	팥죽을
받아먹더니	닿았어요
곳간을	뚫린

다음 단어들을 빠르고 정확하게 읽어 봅시다

형제가	내쫓았지요	정성껏	품삯으로	굶었는지
팥죽을	받아먹더니	닳았어요	곳간을	뚫린
정성껏	품삯으로	팥죽을	뚫린	형제가
닳았어요	굶었는지	곳간을	내쫓았지요	받아먹더니
굶었는지	품삯으로	닳았어요	정성껏	내쫓았지요
형제가	내쫓았지요	뚫린	팥죽을	정성껏
내쫓았지요	팥죽을	품삯으로	닳았어요	형제가
뚫린	정성껏	굶었는지	받아먹더니	곳간을
팥죽을	닳았어요	받아먹더니	곳간을	품삯으로
정성껏	형제가	내쫓았지요	굶었는지	뚫린

▶ 이 페이지의 내용은 복사하거나 학지사 홈페이지(http://www.hakjisa.co.kr)에서 내려받아 사용하세요!

2 어휘의 뜻 알아보기

다음 단어를 알아봅시다

예시문을 읽고, 내가 생각하는 단어의 뜻을 써 봅시다.

올바른 단어의 뜻을 써 봅시다.

정의

내쫓다

예시문 그런데 어머니가 병들자 형이 내쫓았지요.

비슷한 말

-
-
-

문장 만들기

비슷한 말을 넣어서 문장을 완성해 봅시다.

그런데 어머니가 병들자 형이 ________________.

새로운 문장을 만들어 써 봅시다.

도전문제

곡식을 쪼아 먹는 참새를 내쫓기 위해서 어떻게 해야 하나요?

예시문을 읽고, 내가 생각하는 단어의 뜻을 써 봅시다.

올바른 단어의 뜻을 써 봅시다.

정의

품삯

예시문 하루는 아우가 팥죽을 품삯으로 받았어요.

비슷한 말

•

•

•

문장 만들기

비슷한 말을 넣어서 문장을 완성해 봅시다.

하루는 아우가 팥죽을 ＿＿＿＿＿＿ 으로 받았어요.

새로운 문장을 만들어 써 봅시다.

도전문제

품삯은 언제 받나요?

예시문을 읽고, 내가 생각하는 단어의 뜻을 써 봅시다.

올바른 단어의 뜻을 써 봅시다.

정의

모시다

비슷한 말

•

•

•

예시문 처음에 형제는 어머니를 모시고 살았어요.

문장 만들기

비슷한 말을 넣어서 문장을 완성해 봅시다.

처음에 형제는 어머니를 ________ 살았어요.

새로운 문장을 만들어 써 봅시다.

도전문제

부모님을 잘 모시려면 어떻게 해야 하나요?

예시문을 읽고, 내가 생각하는 단어의 뜻을 써 봅시다.

올바른 단어의 뜻을 써 봅시다.

정의

정성껏

예시문 하지만 아우는 정성껏 어머니를 모셨답니다.

비슷한 말

-
-
-

문장 만들기

비슷한 말을 넣어서 문장을 완성해 봅시다.

하지만 아우는 ______ 어머니를 모셨답니다.

새로운 문장을 만들어 써 봅시다.

도전문제

동물이나 식물을 정성껏 길러 본 적이 있나요? 어떻게 하였는지 자세히 써 보세요.

밑줄 친 단어를 대신할 수 있는 단어를 찾아 동그라미를 표시하세요.

1 마당에 널린 곡식을 쪼아먹는 비둘기 떼를 내쫓았다.

1) 쫓아왔다　2) 쫓아냈다　3) 쫓기다　4) 쫓아갔다

2 주인집에서 일한 품삯으로 쌀 한 가마니를 주었다.

1) 날품　2) 품값　3) 날일　4) 보리

3 할머니가 편찮으셔서 정성껏 간호해 드렸다.

1) 극진히　2) 눈치껏　3) 능력껏　4) 아직껏

4 시부모님을 극진히 모셨다.

1) 모았다　2) 봉양하다　3) 명심하다　4) 인정하다

3 어구를 빠르고 정확하게 읽기

다음 어구를 바르게 읽어 봅시다

형은 욕심이 많고	어머니를 모시고 살았어요
어머니가 병들자	팥죽을 품삯으로 받았어요
하나도 먹지 않고	제가 죽거든
시키는 대로 했어요	주는 대로 자라났어요
일주일이 지나니까	하늘까지 닿았어요

▶ 이 페이지의 내용은 복사하거나 학지사 홈페이지(http://www.hakjisa.co.kr)에서 내려받아 사용하세요!

다음 어구/절들을 빠르고 정확하게 읽어 봅시다

형은 욕심이 많고	어머니를 모시고 살았어요	어머니가 병들자
팥죽을 품삯으로 받았어요	하나도 먹지 않고	제가 죽거든
시키는 대로 했어요	주는 대로 자라났어요	일주일이 지나니까
하늘까지 닿았어요	제가 죽거든	형은 욕심이 많고
어머니가 병들자	어머니를 모시고 살았어요	하늘까지 닿았어요
주는 대로 자라났어요	팥죽을 품삯으로 받았어요	시키는 대로 했어요
제가 죽거든	형은 욕심이 많고	어머니가 병들자
어머니를 모시고 살았어요	하나도 먹지 않고	주는 대로 자라났어요
일주일이 지나니까	시키는 대로 했어요	팥죽을 품삯으로 받았어요
하나도 먹지 않고	어머니가 병들자	하늘까지 닿았어요
팥죽을 품삯으로 받았어요	일주일이 지나니까	어머니를 모시고 살았어요
제가 죽거든	하늘까지 닿았어요	시키는 대로 했어요
어머니가 병들자	주는 대로 자라났어요	형은 욕심이 많고
시키는 대로 했어요	하나도 먹지 않고	일주일이 지나니까
하늘까지 닿았어요	팥죽을 품삯으로 받았어요	어머니를 모시고 살았어요
일주일이 지나니까	형은 욕심이 많고	제가 죽거든
주는 대로 자라났어요	팥죽을 품삯으로 받았어요	하나도 먹지 않고

▶ 이 페이지의 내용은 복사하거나 학지사 홈페이지(http://www.hakjisa.co.kr)에서 내려받아 사용하세요!

4 글을 빠르고 정확하게 읽기

다음 글을 / 표시된 곳에서 끊어 읽어 봅시다. 읽을 때 빠르고 정확하게 읽도록 합시다

옛날 / 어느 마을에 / 형제가 / 살았어요. / 형은 욕심이 많고 / 아우는 착했지요. / 처음에 / 형제는 / 어머니를 모시고 살았어요. / 그런데 / 어머니가 병들자 / 형이 내쫓았지요. / 하지만 / 아우는 / 정성껏 / 어머니를 모셨답니다. /

하루는 / 아우가 / 팥죽을 품삯으로 받았어요. / 어머니 생각에 / 하나도 먹지 않고 / 가져갔지요. / 그런데 / 고개를 넘다 / 꿩을 만났어요. / 며칠을 굶었는지 / 날개가 / 축 늘어졌지요. / 아우는 / 너무 불쌍해서 / 팥죽을 먹였어요. / 꿩이 / 팥죽을 받아먹더니 / 말을 했답니다. /

"고마워요, / 하지만 / 전 / 죽을 몸이에요. / 제가 죽거든 / 제 무덤 위에 / 물을 주세요." /

아우는 / 꿩이 죽자 / 시키는 대로 했어요. / 그랬더니 / 꿩의 무덤에 / 왕대나무가 올라왔지요. / 물을 주면 / 주는 대로 자라났어요. / 일주일이 지나니까 / 왕대나무가 / 하늘까지 닿았어요. / 그러다가 / 하늘나라 곳간을 / 찔렀던 거예요. / 그러니 / 뚫린 구멍으로 / 쌀이 쏟아졌지요. / 아우는 / 쌀을 팔아 / 부자가 되었답니다. /

6 이야기 지도 사용하여 글 읽고 이해하기: 인물, 시장, 사건, 끝을 기억하며 글의 내용 파악하기

'이야기 지도(인물, 시장, 사건, 끝)'를 사용하여 글의 내용을 파악해 봅시다

하늘을 찌른 왕대나무

옛날 어느 마을에 형제가 살았어요. 형은 욕심이 많고 아우는 착했지요. 처음에 형제는 어머니를 모시고 살았어요. 그런데 어머니가 병들자 형이 내쫓았지요. 하지만 아우는 정성껏 어머니를 모셨답니다.

하루는 아우가 팥죽을 품삯으로 받았어요. 어머니 생각에 하나도 먹지 않고 가져갔지요. 그런데 고개를 넘다 꿩을 만났어요. 며칠을 굶었는지 날개가 축 늘어졌지요. 아우는 너무 불쌍해서 팥죽을 먹였어요. 꿩이 팥죽을 받아먹더니 말을 했답니다.

"고마워요, 하지만 전 죽을 몸이에요. 제가 죽거든 제 무덤 위에 물을 주세요."

아우는 꿩이 죽자 시키는 대로 했어요. 그랬더니 꿩의 무덤에 왕대나무가 올라왔지요. 물을 주면 주는 대로 자라났어요. 일주일이 지나니까 왕대나무가 하늘까지 닿았어요. 그러다가 하늘나라 곳간을 찔렀던 거예요. 그러니 뚫린 구멍으로 쌀이 쏟아졌지요. 아우는 쌀을 팔아 부자가 되었답니다.

제목: 하늘을 찌른 왕대나무

1 인물 이야기에 등장하는 인물은 누구인가요?

2 시간과 장소 언제, 어디에서 일어난 이야기인가요?

시간:

장소:

3 사건들 인물에게 어떤 일들이 일어났나요? 일이 어떠한 차례로 일어났나요?

4 끝 이야기가 어떻게 끝났나요?

7 글의 주제 알기

글의 주제를 알아봅시다

글의 주제는 글쓴이가 읽는 이에게 말하고자 하는 생각 또는 의견입니다. 글의 주제는 '~하자. 해야 한다' 또는 '~하지 말자. 하지 말아야 한다'로 만들 수 있습니다.

'하늘을 찌른 왕대나무'를 읽고, 글의 주제를 써 봅시다.

읽기유창성

지시문

앞에 있는 종이에 글이 있어요. 이제 선생님이 "시작"이라고 하면(학생용 평가지의 첫 어절을 손가락으로 가리킨 후, 계속 훑으면서) 처음부터 읽기 시작해서 "그만"이라고 할 때까지 최대한 정확하게, 그리고 최대한 빨리 읽으세요. 글을 읽다가 모르는 글자가 나오면 선생님이 어떻게 해야 할지 알려 줄게요. 최선을 다하세요. 질문 있어요? (질문이 있으면 질문에 대답한다.) 준비, 시작. (학생이 첫 어절을 말함과 동시에 타이머를 누르고 1분간 학생의 반응을 기록한 뒤 1분이 지나면 "그만"이라고 말한다.)

옛날 어느 마을에 형제가 살았어요. 형은 욕심이 많고 아우는 착했지요. 처음에 형제는 어머니를 모시고 살았어요. 그런데 어머니가 병들자 형이 내쫓았지요. 하지만 아우는 정성껏 어머니를 모셨답니다.

하루는 아우가 팥죽을 품삯으로 받았어요. 어머니 생각에 하나도 먹지 않고 가져갔지요. 그런데 고개를 넘다 꿩을 만났어요. 며칠을 굶었는지 날개가 축 늘어졌지요. 아우는 너무 불쌍해서 팥죽을 먹였어요. 꿩이 팥죽을 받아먹더니 말을 했답니다.

"고마워요, 하지만 전 죽을 몸이에요. 제가 죽거든 제 무덤 위에 물을 주세요."

아우는 꿩이 죽자 시키는 대로 했어요. 그랬더니 꿩의 무덤에 왕대나무가 올라왔지요. 물을 주면 주는 대로 자라났어요. 일주일이 지나니까 왕대나무가 하늘까지 닿았어요. 그러다가 하늘나라 곳간을 찔렀던 거예요. 그러니 뚫린 구멍으로 쌀이 쏟아졌지요. 아우는 쌀을 팔아 부자가 되었답니다.

읽기유창성 점수: ____________

▶ 사전평가와 사후평가의 지문은 학지사 홈페이지(http://www.hakjisa.co.kr)에서 내려받을 수 있습니다.

읽기이해

다음 질문에 최대한 자세히 답을 써 주세요.
(※ 쓰는 것이 어려운 학생의 경우, 구두로 답하도록 하세요.)

1 이야기에 나오는 등장인물은 누구인가요? 네 인물을 말해 보세요.

2 언제, 어디에서 있었던 일인가요?

1) 언제:

2) 어디서:

3 아우는 왜 품삯으로 받은 팥죽을 먹지 않았나요?

4 아우가 꿩에게 팥죽을 준 까닭은 무엇일까요?

5 꿩이 자기가 죽으면 어떻게 해 달라고 하였나요?

6 아우는 어떻게 부자가 되었나요?

7 이야기는 우리에게 어떤 교훈을 주나요? 그것을 어떻게 알 수 있는지 글에서 찾아 써 보세요.

1) 어떤 교훈을 주나요?

2) 그것을 어떻게 알 수 있나요?

4. 호랑이 똥을 뒤집어쓴 힘장사

학 ◇ 습 ◇ 목 ◇ 표

- 글을 읽을 때, 적당한 부분에서 글을 빠르고 정확하게 끊어 읽을 수 있다.
- 글을 읽고, 글의 중심내용과 글의 주제를 파악할 수 있다.

사 ◇ 전 ◇ 평 ◇ 가

지시문

앞에 있는 종이에 글이 있어요. 이제 선생님이 "시작"이라고 하면(학생용 평가지의 첫 어절을 손가락으로 가리킨 후, 계속 훑으면서) 처음부터 읽기 시작해서 "그만"이라고 할 때까지 최대한 정확하게, 그리고 최대한 빨리 읽으세요. 글을 읽다가 모르는 글자가 나오면 선생님이 어떻게 해야 할지 알려 줄게요. 최선을 다하세요. 질문 있어요? (질문이 있으면 질문에 대답한다.) 준비, 시작. (학생이 첫 어절을 말함과 동시에 타이머를 누르고 1분간 학생의 반응을 기록한 뒤 1분이 지나면 "그만"이라고 말한다.)

호랑이도 말을 하던 옛날 일이었지요. 어느 산마을에 힘장사가 살고 있었답니다. 큰 나무도 손가락으로 부러뜨리고 커다란 황소도 한 손으로 들 정도로 힘이 셌습니다.

하루는 힘장사가 불쌍한 부부를 만났어요. 아니 글쎄 호랑이가 외동아들을 물어 갔더랍니다. 부부는 엉엉 울고 난리가 났지요. 힘장사는 부부가 불쌍해서 참을 수가 없었지요. 그래서 아들을 구하러 길을 나섰답니다.

산에 올라 굴 하나를 찾았지요. 굴 둘레에는 호랑이 발자국이 많았답니다.

"바로 여기가 그 호랑이 굴이구나."

힘장사는 굴속으로 살금살금 기어 들어갔습니다. 그랬더니 굴 안에 아이가 있었지요. 다행히 호랑이는 없고 아이만 있었답니다.

"아이고, 아직 아이가 살아 있어 다행이다."

힘장사는 아이를 업고 기어 나오려고 했습니다. 그런데 바로 그때 호랑이가 꼬리부터 들어오기 시작했어요. 힘장사는 호랑이 꼬리를 꽉 잡았지요. 그러고는 호랑이 꼬리를 힘껏 잡아당겼어요. 깜짝 놀란 호랑이는 똥을 한 바가지 쌌어요. 그 바람에 힘장사는 꼬리를 놓쳤지요. 그 틈에 호랑이는 정신없이 달렸고요.

마침내 힘장사는 아이를 찾아서 돌아왔답니다. 호랑이 똥을 뒤집어쓴 채로 말이죠.

읽기유창성 점수: ____________

▶ 사전평가와 사후평가의 지문은 학지사 홈페이지(http://www.hakjisa.co.kr)에서 내려받을 수 있습니다.

1 단어를 빠르고 정확하게 읽기

다음 단어를 바르게 읽어 봅시다

힘장사	부러뜨리고
외동아들을	난리가
둘레에는	잡아당겼어요
놓쳤지요	틈에
정신없이	뒤집어쓴

▶ 이 페이지의 내용은 복사하거나 학지사 홈페이지(http://www.hakjisa.co.kr)에서 내려받아 사용하세요!

다음 단어들을 빠르고 정확하게 읽어 봅시다

힘장사	부러뜨리고	외동아들을	난리가	둘레에는
잡아당겼어요	놓쳤지요	틈에	정신없이	뒤집어쓴
외동아들을	난리가	잡아당겼어요	뒤집어쓴	힘장사
틈에	둘레에는	정신없이	부러뜨리고	놓쳤지요
둘레에는	난리가	틈에	외동아들을	부러뜨리고
힘장사	부러뜨리고	뒤집어쓴	잡아당겼어요	외동아들을
부러뜨리고	잡아당겼어요	난리가	틈에	힘장사
뒤집어쓴	외동아들을	둘레에는	놓쳤지요	정신없이
잡아당겼어요	틈에	놓쳤지요	정신없이	난리가
외동아들을	힘장사	부러뜨리고	둘레에는	뒤집어쓴

▶ 이 페이지의 내용은 복사하거나 학지사 홈페이지(http://www.hakjisa.co.kr)에서 내려받아 사용하세요!

2 어휘의 뜻 알아보기

다음 단어를 알아봅시다

예시문을 읽고, 내가 생각하는 단어의 뜻을 써 봅시다.

올바른 단어의 뜻을 써 봅시다.

정의

부러뜨리다

예시문 큰 나무도 손가락으로 부러뜨리고 커다란 황소도 한 손으로 들 정도로 힘이 셌습니다.

비슷한 말

-
-
-

문장 만들기

비슷한 말을 넣어서 문장을 완성해 봅시다.

큰 나무도 손가락으로 ________ 커다란 황소도 한 손으로 들 정도로 힘이 셌습니다.

새로운 문장을 만들어 써 봅시다.

도전문제

나무젓가락을 부러뜨려 본 적이 있나요?

예시문을 읽고, 내가 생각하는 단어의 뜻을 써 봅시다.

올바른 단어의 뜻을 써 봅시다.

정의

둘레

예시문 굴 둘레에는 호랑이 발자국이 많았답니다.

비슷한 말

-
-
-

문장 만들기

비슷한 말을 넣어서 문장을 완성해 봅시다.

굴 ______ 에는 호랑이 발자국이 많았답니다.

새로운 문장을 만들어 써 봅시다.

도전문제

우리 집 둘레에는 무엇이 있나요?

예시문을 읽고, 내가 생각하는 단어의 뜻을 써 봅시다.

올바른 단어의 뜻을 써 봅시다.

정의

비슷한 말

•
•
•

놓치다

예시문 그 바람에 힘장사는 꼬리를 놓쳤지요.

반대말

•
•
•

문장 만들기

비슷한 말을 넣어서 문장을 완성해 봅시다.

그 바람에 힘장사는 꼬리를 ______________ .

새로운 문장을 만들어 써 봅시다.

도전문제

그네를 탈 때, 잡고 있던 줄을 놓치면 어떻게 되나요?

예시문을 읽고, 내가 생각하는 단어의 뜻을 써 봅시다.

올바른 단어의 뜻을 써 봅시다.

정의

뒤집어쓰다

예시문 호랑이 똥을 뒤집어쓴 채로 말이죠.

문장 만들기

새로운 문장을 만들어 써 봅시다.

도전문제

대청소를 하다가 먼지를 뒤집어쓰게 되면, 어떻게 할래요?

다음 보기의 단어 중, 문장에 알맞은 단어를 써 봅시다.

보기

둘레, 뒤집어썼다, 놓치는, 부러뜨렸다

1 놀부는 일부러 제비의 다리를 ______________.

2 운동장 ______________ 에는 여러 가지 운동 기구가 많다.

3 버스를 ______________ 바람에 학교에 늦었다.

4 너무 추워서 털모자를 ______________.

3 어구를 빠르고 정확하게 읽기

다음 어구를 바르게 읽어 봅시다

호랑이도 말을 하던	한 손으로 들 정도로
불쌍한 부부를 만났어요	살금살금 기어들어갔습니다
살아 있어 다행이다	기어 나오려고 했습니다
꼬리부터 들어오기 시작했어요	똥을 한 바가지 쌌어요
아이를 찾아서 돌아왔답니다	뒤집어쓴 채로 말이죠

다음 어구/절들을 빠르고 정확하게 읽어 봅시다

호랑이도 말을 하던	한 손으로 들 정도로	불쌍한 부부를 만났어요
살금살금 기어 들어갔습니다	살아 있어 다행이다	기어 나오려고 했습니다
꼬리부터 들어오기 시작했어요	똥을 한 바가지 쌌어요	아이를 찾아서 돌아왔답니다
뒤집어쓴 채로 말이죠	기어 나오려고 했습니다	호랑이도 말을 하던
불쌍한 부부를 만났어요	한 손으로 들 정도로	뒤집어쓴 채로 말이죠
똥을 한 바가지 쌌어요	살금살금 기어 들어갔습니다	꼬리부터 들어오기 시작했어요
기어 나오려고 했습니다	호랑이도 말을 하던	불쌍한 부부를 만났어요
한 손으로 들 정도로	살아 있어 다행이다	똥을 한 바가지 쌌어요
아이를 찾아서 돌아왔답니다	꼬리부터 들어오기 시작했어요	살금살금 기어 들어갔습니다
살아 있어 다행이다	불쌍한 부부를 만났어요	뒤집어쓴 채로 말이죠
살금살금 기어 들어갔습니다	아이를 찾아서 돌아왔답니다	한 손으로 들 정도로
기어 나오려고 했습니다	뒤집어쓴 채로 말이죠	꼬리부터 들어오기 시작했어요
불쌍한 부부를 만났어요	똥을 한 바가지 쌌어요	호랑이도 말을 하던
꼬리부터 들어오기 시작했어요	살아 있어 다행이다	아이를 찾아서 돌아왔답니다
뒤집어쓴 채로 말이죠	살금살금 기어 들어갔습니다	한 손으로 들 정도로
아이를 찾아서 돌아왔답니다	호랑이도 말을 하던	기어 나오려고 했습니다
똥을 한 바가지 쌌어요	살금살금 기어 들어갔습니다	살아 있어 다행이다

4 글을 빠르고 정확하게 읽기

다음 글을 / 표시된 곳에서 끊어 읽어 봅시다. 읽을 때 빠르고 정확하게 읽도록 합시다

호랑이도 말을 하던 / 옛날 일이었지요. / 어느 산마을에 / 힘장사가 / 살고 있었답니다. / 큰 나무도 / 손가락으로 부러뜨리고 / 커다란 황소도 / 한 손으로 들 정도로 / 힘이 셌습니다. /

하루는 / 힘장사가 / 불쌍한 부부를 만났어요. / 아니 글쎄 / 호랑이가 / 외동아들을 물어 갔더랍니다. / 부부는 / 엉엉 울고 / 난리가 났지요. / 힘장사는 / 부부가 불쌍해서 / 참을 수가 없었지요. / 그래서 / 아들을 구하러 / 길을 나섰답니다. /

산에 올라 / 굴 하나를 찾았지요. / 굴 둘레에는 / 호랑이 발자국이 / 많았답니다. /

"바로 여기가 / 그 호랑이 굴이구나." /

힘장사는 / 굴속으로 / 살금살금 / 기어 들어갔습니다. / 그랬더니 / 굴 안에 / 아이가 / 있었지요. / 다행히 / 호랑이는 없고 / 아이만 있었답니다. /

"아이고, / 아직 아이가 / 살아 있어 다행이다." /

힘장사는 / 아이를 업고 / 기어 나오려고 했습니다. / 그런데 / 바로 그때 / 호랑이가 / 꼬리부터 들어오기 시작했어요. / 힘장사는 / 호랑이 꼬리를 꽉 잡았지요. / 그러고는 / 호랑이 꼬리를 / 힘껏 / 잡아당겼어요. / 깜짝 놀란 호랑이는 / 똥을 한 바가지 쌌어요. / 그 바람에 / 힘장사는 / 꼬리를 놓쳤지요. / 그 틈에 / 호랑이는 / 정신없이 달렸고요. /

마침내 / 힘장사는 / 아이를 찾아서 돌아왔답니다. / 호랑이 똥을 / 뒤집어쓴 채로 말이죠. /

6 이야기 지도 사용하여 글 읽고 이해하기: 인물, 시장, 사건, 끝을 기억하며 글의 내용 파악하기

'이야기 지도(인물, 시장, 사건, 끝)'를 사용하여 글의 내용을 파악해 봅시다

호랑이 똥을 뒤집어쓴 힘장사

호랑이도 말을 하던 옛날 일이었지요. 어느 산마을에 힘장사가 살고 있었답니다. 큰 나무도 손가락으로 부러뜨리고 커다란 황소도 한 손으로 들 정도로 힘이 셌습니다.

하루는 힘장사가 불쌍한 부부를 만났어요. 아니 글쎄 호랑이가 외동아들을 물어 갔더랍니다. 부부는 엉엉 울고 난리가 났지요. 힘장사는 부부가 불쌍해서 참을 수가 없었지요. 그래서 아들을 구하러 길을 나섰답니다.

산에 올라 굴 하나를 찾았지요. 굴 둘레에는 호랑이 발자국이 많았답니다.

"바로 여기가 그 호랑이 굴이구나."

힘장사는 굴속으로 살금살금 기어 들어갔습니다. 그랬더니 굴 안에 아이가 있었지요. 다행히 호랑이는 없고 아이만 있었답니다.

"아이고, 아직 아이가 살아 있어 다행이다."

힘장사는 아이를 업고 기어 나오려고 했습니다. 그런데 바로 그때 호랑이가 꼬리부터 들어오기 시작했어요. 힘장사는 호랑이 꼬리를 꽉 잡았지요. 그러고는 호랑이 꼬리를 힘껏 잡아당겼어요. 깜짝 놀란 호랑이는 똥을 한 바가지 쌌어요. 그 바람에 힘장사는 꼬리를 놓쳤지요. 그 틈에 호랑이는 정신없이 달렸고요.

마침내 힘장사는 아이를 찾아서 돌아왔답니다. 호랑이 똥을 뒤집어쓴 채로 말이죠.

제목: 호랑이 똥을 뒤집어쓴 힘장사

1 **인물** 이야기에 등장하는 인물은 누구인가요?

2 **시간과 장소** 언제, 어디에서 일어난 이야기인가요?

시간:

장소:

3 **사건들** 인물에게 어떤 일들이 일어났나요? 일이 어떠한 차례로 일어났나요?

4 **끝** 이야기가 어떻게 끝났나요?

7 글의 주제 알기

글의 주제를 알아봅시다

글의 주제는 글쓴이가 읽는 이에게 말하고자 하는 생각 또는 의견입니다. 글의 주제는 '~하자. 해야 한다' 또는 '~하지 말자. 하지 말아야 한다'로 만들 수 있습니다.

'호랑이 똥을 뒤집어쓴 힘장사'를 읽고, 글의 주제를 써 봅시다.

읽기유창성

지시문

앞에 있는 종이에 글이 있어요. 이제 선생님이 "시작"이라고 하면(학생용 평가지의 첫 어절을 손가락으로 가리킨 후, 계속 훑으면서) 처음부터 읽기 시작해서 "그만"이라고 할 때까지 최대한 정확하게, 그리고 최대한 빨리 읽으세요. 글을 읽다가 모르는 글자가 나오면 선생님이 어떻게 해야 할지 알려 줄게요. 최선을 다하세요. 질문 있어요? (질문이 있으면 질문에 대답한다.) 준비, 시작. (학생이 첫 어절을 말함과 동시에 타이머를 누르고 1분간 학생의 반응을 기록한 뒤 1분이 지나면 "그만"이라고 말한다.)

호랑이도 말을 하던 옛날 일이었지요. 어느 산마을에 힘장사가 살고 있었답니다. 큰 나무도 손가락으로 부러뜨리고 커다란 황소도 한 손으로 들 정도로 힘이 셌습니다.

하루는 힘장사가 불쌍한 부부를 만났어요. 아니 글쎄 호랑이가 외동아들을 물어 갔더랍니다. 부부는 엉엉 울고 난리가 났지요. 힘장사는 부부가 불쌍해서 참을 수가 없었지요. 그래서 아들을 구하러 길을 나섰답니다.

산에 올라 굴 하나를 찾았지요. 굴 둘레에는 호랑이 발자국이 많았답니다.

"바로 여기가 그 호랑이 굴이구나."

힘장사는 굴속으로 살금살금 기어 들어갔습니다. 그랬더니 굴 안에 아이가 있었지요. 다행히 호랑이는 없고 아이만 있었답니다.

"아이고, 아직 아이가 살아 있어 다행이다."

힘장사는 아이를 업고 기어 나오려고 했습니다. 그런데 바로 그때 호랑이가 꼬리부터 들어오기 시작했어요. 힘장사는 호랑이 꼬리를 꽉 잡았지요. 그러고는 호랑이 꼬리를 힘껏 잡아당겼어요. 깜짝 놀란 호랑이는 똥을 한 바가지 쌌어요. 그 바람에 힘장사는 꼬리를 놓쳤지요. 그 틈에 호랑이는 정신없이 달렸고요.

마침내 힘장사는 아이를 찾아서 돌아왔답니다. 호랑이 똥을 뒤집어쓴 채로 말이죠.

읽기유창성 점수: ____________

▶ 사전평가와 사후평가의 지문은 학지사 홈페이지(http://www.hakjisa.co.kr)에서 내려받을 수 있습니다.

읽기이해

다음 질문에 최대한 자세히 답을 써 주세요.
(※ 쓰는 것이 어려운 학생의 경우, 구두로 답하도록 하세요.)

1 이야기의 등장인물은 누구인가요? 네 인물을 모두 써 보세요.

2 언제, 어디에서 있었던 일인가요?

1) 언제:

2) 어디서:

3 부부는 왜 울고 있었나요?

4 힘장사는 부부의 말을 듣고 어떻게 하였나요?

5 힘장사는 아이를 어떻게 구하였나요?

6 힘장사가 호랑이 똥을 뒤집어쓰게 된 까닭은 무엇일까요?

7 이야기에 나오는 힘장사는 어떤 마음씨를 가진 사람일까요? 그것을 어떻게 알 수 있는지 글에서 찾아 써 보세요.

1) 어떤 사람일까요?

2) 그것을 어떻게 알 수 있나요?

5. 날아다니는 조끼

학 ◇ 습 ◇ 목 ◇ 표

- 글을 읽을 때, 적당한 부분에서 글을 빠르고 정확하게 끊어 읽을 수 있다.
- 글을 읽고, 글의 중심내용과 글의 주제를 파악할 수 있다.

사 ◇ 전 ◇ 평 ◇ 가

지시문

앞에 있는 종이에 글이 있어요. 이제 선생님이 "시작"이라고 하면(학생용 평가지의 첫 어절을 손가락으로 가리킨 후, 계속 훑으면서) 처음부터 읽기 시작해서 "그만"이라고 할 때까지 최대한 정확하게, 그리고 최대한 빨리 읽으세요. 글을 읽다가 모르는 글자가 나오면 선생님이 어떻게 해야 할지 알려 줄게요. 최선을 다하세요. 질문 있어요? (질문이 있으면 질문에 대답한다.) 준비, 시작. (학생이 첫 어절을 말함과 동시에 타이머를 누르고 1분간 학생의 반응을 기록한 뒤 1분이 지나면 "그만"이라고 말한다.)

옛날 어느 마을에 총각이 살았습니다. 총각은 부모님도 없이 가난하게 살았지요. 하지만 마음씨만큼은 비단결처럼 고왔답니다. 불쌍한 사람을 보면 뭐든지 나눠 주었어요. 비록 자신이 굶주리고 헐벗더라도 말이지요.

하루는 총각이 나무하러 산에 갔습니다. 깊은 산속에서 그만 길을 잃었어요. 정신없이 헤매다 해가 지고 말았습니다. 그런데 갑자기 어디선가 소리가 들렸어요.

"내가 주웠으니까 이 조끼는 내꺼야!"

"아냐, 내가 먼저 봤으니까 내꺼야!"

신기하게도 토끼 둘이 싸우고 있었어요. 조끼를 서로 가지겠다고 말다툼 중이었지요. 총각이 다가가서 사이좋게 지내라고 달래줬어요.

"그럼, 이 조끼 아저씨가 가지세요. 이것 때문에 자꾸 싸워서 싫어요. 그런데 이 조끼는 마법 조끼랍니다. 이걸 입고 단추를 채우면 날아가요. 반대로 단추를 풀면 땅으로 내려온답니다. 부디 이 조끼를 잘 쓰세요."

"정말 고맙구나, 너희가 나를 살렸구나."

조끼는 하늘이 총각에게 내려 준 선물이었지요. 조끼를 입고 날아서 집으로 돌아왔답니다.

읽기유창성 점수:

▶ 사전평가와 사후평가의 지문은 학지사 홈페이지(http://www.hakjisa.co.kr)에서 내려받을 수 있습니다.

1 단어를 빠르고 정확하게 읽기

다음 단어를 바르게 읽어 봅시다

조끼	마음씨만큼은
비단결처럼	굶주리고
헐벗더라도	잃었어요
말다툼	달래줬어요
마법	채우면

다음 단어들을 빠르고 정확하게 읽어 봅시다

조끼	비단결처럼	헐벗더라도	말다툼	마법
마음씨만큼은	굶주리고	잃었어요	달래줬어요	채우면
비단결처럼	말다툼	마음씨만큼은	잃었어요	채우면
달래줬어요	굶주리고	마법	헐벗더라도	조끼
굶주리고	말다툼	채우면	비단결처럼	잃었어요
마법	마음씨만큼은	헐벗더라도	조끼	달래줬어요
잃었어요	비단결처럼	마법	헐벗더라도	말다툼
조끼	마음씨만큼은	달래줬어요	채우면	굶주리고
마법	달래줬어요	잃었어요	굶주리고	말다툼
헐벗더라도	비단결처럼	채우면	조끼	마음씨만큼은

▶ 이 페이지의 내용은 복사하거나 학지사 홈페이지(http://www.hakjisa.co.kr)에서 내려받아 사용하세요!

2 어휘의 뜻 알아보기

다음 단어를 알아봅시다

예시문을 읽고, 내가 생각하는 단어의 뜻을 써 봅시다.

____

올바른 단어의 뜻을 써 봅시다.

____

정의

헐벗다

예시문 비록 자신이 굶주리고 헐벗더라도 말이지요.

비슷한 말

- ____________
- ____________
- ____________

문장 만들기

비슷한 말을 넣어서 문장을 완성해 봅시다.

비록 자신이 굶주리고 ____________ 말이지요.

새로운 문장을 만들어 써 봅시다.

____

도전문제

헐벗은 사람들을 어떻게 도울 수 있을까요?

____

____

예시문을 읽고, 내가 생각하는 단어의 뜻을 써 봅시다.

올바른 단어의 뜻을 써 봅시다.

정의

헤매다

비슷한 말

-
-
-

예시문 정신없이 헤매다 해가 지고 말았습니다.

문장 만들기

비슷한 말을 넣어서 문장을 완성해 봅시다.

정신없이 ________ 해가 지고 말았습니다.

새로운 문장을 만들어 써 봅시다.

도전문제

길을 헤매게 되면 어떤 기분이 드나요?

예시문을 읽고, 내가 생각하는 단어의 뜻을 써 봅시다.

올바른 단어의 뜻을 써 봅시다.

정의

비슷한 말

-
-
-

채우다

예시문 이걸 입고 단추를 채우면 날아가요.

문장 만들기

비슷한 말을 넣어서 문장을 완성해 봅시다.

이걸 입고 단추를 ________ 날아가요.

새로운 문장을 만들어 써 봅시다.

도전문제

셔츠의 단추를 잘못 채웠던 경험이 있나요?

예시문을 읽고, 내가 생각하는 단어의 뜻을 써 봅시다.

올바른 단어의 뜻을 써 봅시다.

정의

잃다

예시문 깊은 산속에서 그만 길을 잃었어요.

반대말

•

•

•

문장 만들기

새로운 문장을 만들어 써 봅시다.

도전문제

길을 잃었을 때, 어떻게 해야 하나요?

예시문을 읽고, 내가 생각하는 단어의 뜻을 써 봅시다.

______

올바른 단어의 뜻을 써 봅시다.

______

정의

달래다

예시문 총각이 다가가서 사이좋게 지내라고 달래줬어요.

비슷한 말

- ______
- ______
- ______

문장 만들기

비슷한 말을 넣어서 문장을 완성해 봅시다.

총각이 다가가서 사이좋게 지내라고 ______.

새로운 문장을 만들어 써 봅시다.

______

도전문제

누군가를 달래준 적이 있나요?

______

______

다음 보기의 단어 중, 문장에 알맞은 단어를 써 봅시다.

보기

헐벗고, 헤맸다, 달랬다, 잃어, 채웠다

1 산에서 길을 ______________ 엄청 헤맸다.

2 혜영이는 추위를 느껴 단추를 목까지 단단하게 ______________.

3 우리는 친구의 집을 못 찾아서 ______________.

4 나라가 어려우면 ______________ 굶주리는 백성들이 늘어난다.

5 화가 나서 우는 동생을 ______________.

3 어구를 빠르고 정확하게 읽기

다음 어구를 바르게 읽어 봅시다

비단결처럼 고왔답니다	불쌍한 사람을 보면
해가 지고 말았습니다	내가 먼저 봤으니까
조끼를 서로 가지겠다고	사이좋게 지내라고 달래줬어요
단추를 채우면	단추를 풀면
이 조끼를 잘 쓰세요	조끼를 입고 날아서

▶ 이 페이지의 내용은 복사하거나 학지사 홈페이지(http://www.hakjisa.co.kr)에서 내려받아 사용하세요!

다음 어구/절들을 빠르고 정확하게 읽어 봅시다

비단결처럼 고왔답니다	불쌍한 사람을 보면	해가 지고 말았습니다
내가 먼저 봤으니까	조끼를 서로 가지겠다고	사이좋게 지내라고 달래줬어요
단추를 채우면	단추를 풀면	이 조끼를 잘 쓰세요
조끼를 입고 날아서	사이좋게 지내라고 달래줬어요	비단결처럼 고왔답니다
해가 지고 말았습니다	불쌍한 사람을 보면	조끼를 입고 날아서
단추를 풀면	내가 먼저 봤으니까	단추를 채우면
사이좋게 지내라고 달래줬어요	비단결처럼 고왔답니다	해가 지고 말았습니다
불쌍한 사람을 보면	조끼를 서로 가지겠다고	단추를 풀면
이 조끼를 잘 쓰세요	단추를 채우면	내가 먼저 봤으니까
조끼를 서로 가지겠다고	해가 지고 말았습니다	조끼를 입고 날아서
내가 먼저 봤으니까	이 조끼를 잘 쓰세요	불쌍한 사람을 보면
사이좋게 지내라고 달래줬어요	조끼를 입고 날아서	단추를 채우면
해가 지고 말았습니다	단추를 풀면	비단결처럼 고왔답니다
단추를 채우면	조끼를 서로 가지겠다고	이 조끼를 잘 쓰세요
조끼를 입고 날아서	내가 먼저 봤으니까	불쌍한 사람을 보면
이 조끼를 잘 쓰세요	비단결처럼 고왔답니다	사이좋게 지내라고 달래줬어요
단추를 풀면	내가 먼저 봤으니까	살아 있어 다행이다

▶ 이 페이지의 내용은 복사하거나 학지사 홈페이지(http://www.hakjisa.co.kr)에서 내려받아 사용하세요!

4 글을 빠르고 정확하게 읽기

다음 글을 / 표시된 곳에서 끊어 읽어 봅시다. 읽을 때 빠르고 정확하게 읽도록 합시다

옛날 / 어느 마을에 / 총각이 / 살았습니다. / 총각은 / 부모님도 없이 / 가난하게 살았지요. / 하지만 / 마음씨만큼은 / 비단결처럼 고왔답니다. / 불쌍한 사람을 보면 / 뭐든지 나눠 주었어요. / 비록 / 자신이 굶주리고 / 헐벗더라도 말이지요. /

하루는 / 총각이 / 나무하러 / 산에 갔습니다. / 깊은 산속에서 / 그만 / 길을 잃었어요. / 정신없이 헤매다 / 해가 지고 말았습니다. / 그런데 / 갑자기 / 어디선가 / 소리가 / 들렸어요. /

"내가 주웠으니까 / 이 조끼는 내꺼야!" /

"아냐, / 내가 먼저 봤으니까 / 내꺼야!" /

신기하게도 / 토끼 둘이 / 싸우고 있었어요. / 조끼를 서로 가지겠다고 / 말다툼 중이었지요. / 총각이 다가가서 / 사이좋게 지내라고 달래줬어요. /

"그럼, / 이 조끼 / 아저씨가 / 가지세요. / 이것 때문에 / 자꾸 싸워서 싫어요. / 그런데 / 이 조끼는 / 마법 조끼랍니다. / 이걸 입고 / 단추를 채우면 / 날아가요. / 반대로 / 단추를 풀면 / 땅으로 내려온답니다. / 부디 / 이 조끼를 잘 쓰세요." /

"정말 고맙구나, / 너희가 / 나를 살렸구나." /

조끼는 / 하늘이 / 총각에게 / 내려 준 선물이었지요. / 조끼를 입고 날아서 / 집으로 / 돌아왔답니다. /

6 이야기 지도 사용하여 글 읽고 이해하기: 인물, 시장, 사건, 끝을 기억하며 글의 내용 파악하기

'이야기 지도(인물, 시장, 사건, 끝)'를 사용하여 글의 내용을 파악해 봅시다

날아다니는 조끼

옛날 어느 마을에 총각이 살았습니다. 총각은 부모님도 없이 가난하게 살았지요. 하지만 마음씨만큼은 비단결처럼 고왔답니다. 불쌍한 사람을 보면 뭐든지 나눠 주었어요. 비록 자신이 굶주리고 헐벗더라도 말이지요.

하루는 총각이 나무하러 산에 갔습니다. 깊은 산속에서 그만 길을 잃었어요. 정신없이 헤매다 해가 지고 말았습니다. 그런데 갑자기 어디선가 소리가 들렸어요.

"내가 주웠으니까 이 조끼는 내꺼야!"

"아냐, 내가 먼저 봤으니까 내꺼야!"

신기하게도 토끼 둘이 싸우고 있었어요. 조끼를 서로 가지겠다고 말다툼 중이었지요. 총각이 다가가서 사이좋게 지내라고 달래줬어요.

"그럼, 이 조끼 아저씨가 가지세요. 이것 때문에 자꾸 싸워서 싫어요. 그런데 이 조끼는 마법 조끼랍니다. 이걸 입고 단추를 채우면 날아가요. 반대로 단추를 풀면 땅으로 내려온답니다. 부디 이 조끼를 잘 쓰세요."

"정말 고맙구나, 너희가 나를 살렸구나."

조끼는 하늘이 총각에게 내려 준 선물이었지요. 조끼를 입고 날아서 집으로 돌아왔답니다.

제목: 날아다니는 조끼

1 인물 이야기에 등장하는 인물은 누구인가요?

2 시간과 장소 언제, 어디에서 일어난 이야기인가요?

시간:

장소:

3 사건들 인물에게 어떤 일들이 일어났나요? 일이 어떠한 차례로 일어났나요?

4 끝 이야기가 어떻게 끝났나요?

7 글의 주제 알기

글의 주제를 알아봅시다

글의 주제는 글쓴이가 읽는 이에게 말하고자 하는 생각 또는 의견입니다. 글의 주제는 '~하자. 해야 한다' 또는 '~하지 말자. 하지 말아야 한다'로 만들 수 있습니다.

'날아다는 조끼'를 읽고, 글의 주제를 써 봅시다.

읽기유창성

지시문

앞에 있는 종이에 글이 있어요. 이제 선생님이 "시작"이라고 하면(학생용 평가지의 첫 어절을 손가락으로 가리킨 후, 계속 훑으면서) 처음부터 읽기 시작해서 "그만"이라고 할 때까지 최대한 정확하게, 그리고 최대한 빨리 읽으세요. 글을 읽다가 모르는 글자가 나오면 선생님이 어떻게 해야 할지 알려 줄게요. 최선을 다하세요. 질문 있어요? (질문이 있으면 질문에 대답한다.) 준비, 시작. (학생이 첫 어절을 말함과 동시에 타이머를 누르고 1분간 학생의 반응을 기록한 뒤 1분이 지나면 "그만"이라고 말한다.)

옛날 어느 마을에 총각이 살았습니다. 총각은 부모님도 없이 가난하게 살았지요. 하지만 마음씨만큼은 비단결처럼 고왔답니다. 불쌍한 사람을 보면 뭐든지 나눠 주었어요. 비록 자신이 굶주리고 헐벗더라도 말이지요.

하루는 총각이 나무하러 산에 갔습니다. 깊은 산속에서 그만 길을 잃었어요. 정신없이 헤매다 해가 지고 말았습니다. 그런데 갑자기 어디선가 소리가 들렸어요.

"내가 주웠으니까 이 조끼는 내꺼야!"

"아냐, 내가 먼저 봤으니까 내꺼야!"

신기하게도 토끼 둘이 싸우고 있었어요. 조끼를 서로 가지겠다고 말다툼 중이었지요. 총각이 다가가서 사이좋게 지내라고 달래줬어요.

"그럼, 이 조끼 아저씨가 가지세요. 이것 때문에 자꾸 싸워서 싫어요. 그런데 이 조끼는 마법 조끼랍니다. 이걸 입고 단추를 채우면 날아가요. 반대로 단추를 풀면 땅으로 내려온답니다. 부디 이 조끼를 잘 쓰세요."

"정말 고맙구나, 너희가 나를 살렸구나."

조끼는 하늘이 총각에게 내려 준 선물이었지요. 조끼를 입고 날아서 집으로 돌아왔답니다.

읽기유창성 점수: ____________

▶ 사전평가와 사후평가의 지문은 학지사 홈페이지(http://www.hakjisa.co.kr)에서 내려받을 수 있습니다.

읽기이해

다음 질문에 최대한 자세히 답을 써 주세요.
(※ 쓰는 것이 어려운 학생의 경우, 구두로 답하도록 하세요.)

1 이야기에 나오는 등장인물은 누구인가요? 모두 써 보세요.

2 언제, 어디에서 있었던 일인가요?

1) 언제:

2) 어디서:

3 총각이 산속에서 나무를 하다가 어떻게 되었나요?

4 토끼들이 말다툼을 한 까닭은 무엇일까요?

5 토끼들이 왜 마법 조끼라고 하였나요?

6 총각이 어떻게 무사히 집에 돌아올 수 있었나요?

7 우리도 총각처럼 하늘에서 선물을 받으려면 어떻게 해야 할까요? 그것을 어떻게 알 수 있는지 글에서 찾아 써 보세요.

1) 어떻게 해야 할까요?

2) 그것을 어떻게 알 수 있나요?

6. 눈먼 어머니 눈을 뜨게 만든 지렁이 국

학 ◇ 습 ◇ 목 ◇ 표

- 글을 읽을 때, 적당한 부분에서 글을 빠르고 정확하게 끊어 읽을 수 있다.
- 글을 읽고, 글의 중심내용과 글의 주제를 파악할 수 있다.

사 ◇ 전 ◇ 평 ◇ 가

지시문

앞에 있는 종이에 글이 있어요. 이제 선생님이 "시작"이라고 하면(학생용 평가지의 첫 어절을 손가락으로 가리킨 후, 계속 훑으면서) 처음부터 읽기 시작해서 "그만"이라고 할 때까지 최대한 정확하게, 그리고 최대한 빨리 읽으세요. 글을 읽다가 모르는 글자가 나오면 선생님이 어떻게 해야 할지 알려 줄게요. 최선을 다하세요. 질문 있어요? (질문이 있으면 질문에 대답한다.) 준비, 시작. (학생이 첫 어절을 말함과 동시에 타이머를 누르고 1분간 학생의 반응을 기록한 뒤 1분이 지나면 "그만"이라고 말한다.)

옛날 어느 부부가 가난하게 살았습니다. 부부는 눈먼 어머니를 모셨지요. 하루는 남편이 돈을 벌러 집을 나갔습니다.

며느리는 가난하지만, 정성껏 어머니를 모셨습니다. 자기는 못 먹어도 시어머니는 챙겼지요. 시어머니는 그것도 모르고 투정만 부렸어요. 하지만 며느리는 시어머니를 먼저 생각했답니다.

"얘야, 요즘엔 어찌 입맛이 없구나. 기름진 고깃국 좀 끓여다오."

며느리는 고기를 어떻게 구할지 걱정이었습니다. 물고기라도 잡아볼 생각으로 개울가로 나갔지요. 하지만 물고기 잡기가 쉽지 않았어요. 그런데 개울가에 지렁이가 꼬물꼬물 기어다녔지요. 며느리는 지렁이를 잡아다 국을 끓였답니다. 시어머니는 지렁이 국을 매우 좋아했습니다. 물론 시어머니는 지렁이 국인지 몰랐지요. 날마다 지렁이 국을 먹고 몸이 좋아졌답니다.

세월이 흘러 남편이 집으로 돌아왔습니다.

"어머니, 뭘 드시고 몸이 좋아지셨나요?"

어머니는 며느리 몰래 숨겨둔 지렁이를 보여 주었습니다.

"며느리가 끓여준 이것을 먹고 좋아졌단다."

"아니, 이것은 지렁이잖아요!"

"뭐라고, 내가 지렁이를 먹었다고?"

어머니는 깜짝 놀라 눈을 떴습니다.

읽기유창성 점수: ________

▶ 사전평가와 사후평가의 지문은 학지사 홈페이지(http://www.hakjisa.co.kr)에서 내려받을 수 있습니다.

1 단어를 빠르고 정확하게 읽기

다음 단어를 바르게 읽어 봅시다

챙겼지요	투정만
고깃국	끓여다오
좋아졌답니다	돌아왔습니다
끓여준	지렁이잖아요
떴습니다	

▶ 이 페이지의 내용은 복사하거나 학지사 홈페이지(http://www.hakjisa.co.kr)에서 내려받아 사용하세요!

다음 단어들을 빠르고 정확하게 읽어 봅시다

챙겼지요	투정만	고깃국	끓여다오	좋아졌답니다
돌아왔습니다	끓여준	지렁이잖아요	떴습니다	고깃국
끓여다오	돌아왔습니다	챙겼지요	지렁이잖아요	좋아졌답니다
떴습니다	투정만	끓여준	좋아졌답니다	끓여다오
지렁이잖아요	고깃국	투정만	챙겼지요	투정만
돌아왔습니다	좋아졌답니다	끓여다오	돌아왔습니다	지렁이잖아요
챙겼지요	투정만	고깃국	끓여준	떴습니다
돌아왔습니다	고깃국	지렁이잖아요	떴습니다	끓여준
끓여다오	챙겼지요	투정만	좋아졌답니다	고깃국

2 어휘의 뜻 알아보기

다음 단어를 알아봅시다

예시문을 읽고, 내가 생각하는 단어의 뜻을 써 봅시다.

올바른 단어의 뜻을 써 봅시다.

정의

•

•

•

비슷한 말

모시다

예시문 부부는 눈먼 어머니를 모셨지요.

문장 만들기

비슷한 말을 넣어서 문장을 완성해 봅시다.

부부는 눈먼 어머니를 ________.

새로운 문장을 만들어 써 봅시다.

도전문제

다음 중 '모시다'의 표현을 잘못 사용한 것은? 왜 잘못 사용하였는지 이유를 쓰시오.

1) 할머니를 모시다. 2) 손님을 잘 모시다. 3) 동생을 잘 모시다. 4) 고객을 잘 모시다.

예시문을 읽고, 내가 생각하는 단어의 뜻을 써 봅시다.

올바른 단어의 뜻을 써 봅시다.

정의

챙기다

예시문 자기는 못 먹어도 시어머니는 챙겼지요.

문장 만들기

새로운 문장을 만들어 써 봅시다.

도전문제

〈보기〉의 밑줄 친 단어와 같은 뜻으로 쓰인 단어를 찾으세요.

보기

자기는 못 먹어도 시어머니는 챙겼지요.

1) 자기 가방을 챙기다.
2) 거스름돈을 챙기다.
3) 밥을 챙겨서 먹다.
4) 돈을 챙겨서 떠났다.

예시문을 읽고, 내가 생각하는 단어의 뜻을 써 봅시다.

올바른 단어의 뜻을 써 봅시다.

정의

투정

예시문 시어머니는 그것도 모르고 투정만 부렸어요.

비슷한 말

-
-
-

문장 만들기

비슷한 말을 넣어서 문장을 완성해 봅시다.

시어머니는 그것도 모르고 ______________ 만 부렸어요.

새로운 문장을 만들어 써 봅시다.

도전문제

투정은 주로 언제 부리나요?

예시문을 읽고, 내가 생각하는 단어의 뜻을 써 봅시다.

____

올바른 단어의 뜻을 써 봅시다.

____

정의

입맛

예시문 얘야, 요즘엔 어찌 입맛이 없구나. 기름진 고깃국 좀 끓여다오.

비슷한 말

- ______________
- ______________
- ______________

문장 만들기

비슷한 말을 넣어서 문장을 완성해 봅시다.

얘야, 요즘엔 어찌 ______________ 이 없구나. 기름진 고깃국 좀 끓여다오.

새로운 문장을 만들어 써 봅시다.

____

도전문제

입맛이 없을 때는 어떻게 해야 하나요?

____

____

다음 보기의 단어 중, 문장에 알맞은 단어를 써 봅시다.

보기

챙겨, 모시러, 입맛, 투정

1 아버지는 할아버지를 __________ 갔다.

2 옷을 __________ 입고 집을 나섰다.

3 동생은 반찬 __________을 했다.

4 나는 __________이 까다로운 편이다.

3 어구를 빠르고 정확하게 읽기

다음 어구를 바르게 읽어 봅시다

눈먼 어머니를 모셨지요	자기는 못 먹어도
시어머니를 먼저 생각했답니다	어찌 입맛이 없구나
고기를 어떻게 구할지	물고기라도 잡아볼 생각으로
물고기 잡기가	지렁이 국인지 몰랐지요
세월이 흘러	숨겨둔 지렁이를 보여 주었습니다

▶ 이 페이지의 내용은 복사하거나 학지사 홈페이지(http://www.hakjisa.co.kr)에서 내려받아 사용하세요!

다음 어구/절들을 빠르고 정확하게 읽어 봅시다

눈먼 어머니를 모셨지요	자기는 못 먹어도	시어머니를 먼저 생각했답니다
어찌 입맛이 없구나	고기를 어떻게 구할지	물고기라도 잡아볼 생각으로
물고기 잡기가	지렁이 국인지 몰랐지요	세월이 흘러
숨겨둔 지렁이를 보여 주었습니다	물고기라도 잡아볼 생각으로	눈먼 어머니를 모셨지요
시어머니를 먼저 생각했답니다	자기는 못 먹어도	숨겨둔 지렁이를 보여 주었습니다
지렁이 국인지 몰랐지요	어찌 입맛이 없구나	물고기 잡기가
물고기라도 잡아볼 생각으로	눈먼 어머니를 모셨지요	시어머니를 먼저 생각했답니다
자기는 못 먹어도	고기를 어떻게 구할지	지렁이 국인지 몰랐지요
세월이 흘러	물고기 잡기가	어찌 입맛이 없구나
고기를 어떻게 구할지	시어머니를 먼저 생각했답니다	숨겨둔 지렁이를 보여 주었습니다
어찌 입맛이 없구나	세월이 흘러	자기는 못 먹어도
물고기라도 잡아볼 생각으로	숨겨둔 지렁이를 보여 주었습니다	물고기 잡기가
시어머니를 먼저 생각했답니다	지렁이 국인지 몰랐지요	눈먼 어머니를 모셨지요
물고기 잡기가	고기를 어떻게 구할지	세월이 흘러
숨겨둔 지렁이를 보여 주었습니다	어찌 입맛이 없구나	자기는 못 먹어도
세월이 흘러	눈먼 어머니를 모셨지요	물고기라도 잡아볼 생각으로
지렁이 국인지 몰랐지요	어찌 입맛이 없구나	고기를 어떻게 구할지

▶ 이 페이지의 내용은 복사하거나 학지사 홈페이지(http://www.hakjisa.co.kr)에서 내려받아 사용하세요!

4 글을 빠르고 정확하게 읽기

다음 글을 / 표시된 곳에서 끊어 읽어 봅시다. 읽을 때 빠르고 정확하게 읽도록 합시다

옛날 / 어느 부부가 / 가난하게 살았습니다. / 부부는 / 눈먼 어머니를 모셨지요. / 하루는 / 남편이 / 돈을 벌러 / 집을 나갔습니다. /

며느리는 가난하지만, / 정성껏 / 어머니를 모셨습니다. / 자기는 못 먹어도 / 시어머니는 챙겼지요. / 시어머니는 / 그것도 모르고 / 투정만 부렸어요. / 하지만 / 며느리는 / 시어머니를 먼저 생각했답니다. /

"얘야, / 요즘엔 / 어찌 입맛이 없구나. / 기름진 고깃국 좀 / 끓여다오." /

며느리는 / 고기를 어떻게 구할지 / 걱정이었습니다. / 물고기라도 잡아볼 생각으로 / 개울가로 나갔지요. / 하지만 / 물고기 잡기가 / 쉽지 않았어요. / 그런데 / 개울가에 / 지렁이가 / 꼬물꼬물 기어다녔지요. / 며느리는 / 지렁이를 잡아다 / 국을 끓였답니다. / 시어머니는 / 지렁이 국을 / 매우 / 좋아했습니다. / 물론 / 시어머니는 / 지렁이 국인지 몰랐지요. / 날마다 / 지렁이 국을 먹고 / 몸이 좋아졌답니다. /

세월이 흘러 / 남편이 / 집으로 돌아왔습니다. /

"어머니, / 뭘 드시고 / 몸이 좋아지셨나요?" /

어머니는 / 며느리 몰래 숨겨둔 / 지렁이를 보여 주었습니다. /

"며느리가 끓여준 / 이것을 먹고 / 좋아졌단다." /

"아니, / 이것은 / 지렁이잖아요!" /

"뭐라고, / 내가 / 지렁이를 먹었다고?" /

어머니는 / 깜짝 놀라 / 눈을 떴습니다. /

6 이야기 지도 사용하여 글 읽고 이해하기: 인물, 시장, 사건, 끝을 기억하며 글의 내용 파악하기

'이야기 지도(인물, 시장, 사건, 끝)'를 사용하여 글의 내용을 파악해 봅시다

눈먼 어머니 눈을 뜨게 만든 지렁이 국

옛날 어느 부부가 가난하게 살았습니다. 부부는 눈먼 어머니를 모셨지요. 하루는 남편이 돈을 벌러 집을 나갔습니다.

며느리는 가난하지만, 정성껏 어머니를 모셨습니다. 자기는 못 먹어도 시어머니는 챙겼지요. 시어머니는 그것도 모르고 투정만 부렸어요. 하지만 며느리는 시어머니를 먼저 생각했답니다.

"얘야, 요즘엔 어찌 입맛이 없구나. 기름진 고깃국 좀 끓여다오."

며느리는 고기를 어떻게 구할지 걱정이었습니다. 물고기라도 잡아볼 생각으로 개울가로 나갔지요. 하지만 물고기 잡기가 쉽지 않았어요. 그런데 개울가에 지렁이가 꼬물꼬물 기어다녔지요. 며느리는 지렁이를 잡아다 국을 끓였답니다. 시어머니는 지렁이 국을 매우 좋아했습니다. 물론 시어머니는 지렁이 국인지 몰랐지요. 날마다 지렁이 국을 먹고 몸이 좋아졌답니다.

세월이 흘러 남편이 집으로 돌아왔습니다.

"어머니, 뭘 드시고 몸이 좋아지셨나요?"

어머니는 며느리 몰래 숨겨둔 지렁이를 보여 주었습니다.

"며느리가 끓여준 이것을 먹고 좋아졌단다."

"아니, 이것은 지렁이잖아요!"

"뭐라고, 내가 지렁이를 먹었다고?"

어머니는 깜짝 놀라 눈을 떴습니다.

제목: 눈먼 어머니 눈을 뜨게 만든 지렁이 국

1 인물 이야기에 등장하는 인물은 누구인가요?

2 시간과 장소 언제, 어디에서 일어난 이야기인가요?

시간:

장소:

3 사건들 인물에게 어떤 일들이 일어났나요? 일이 어떠한 차례로 일어났나요?

4 끝 이야기가 어떻게 끝났나요?

7 글의 주제 알기

글의 주제를 알아봅시다

글의 주제는 글쓴이가 읽는 이에게 말하고자 하는 생각 또는 의견입니다. 글의 주제는 '~하자. 해야 한다' 또는 '~하지 말자. 하지 말아야 한다'로 만들 수 있습니다.

'눈먼 어머니 눈을 뜨게 만든 지렁이 국'을 읽고, 글의 주제를 써 봅시다.

읽기유창성

지시문

앞에 있는 종이에 글이 있어요. 이제 선생님이 "시작"이라고 하면(학생용 평가지의 첫 어절을 손가락으로 가리킨 후, 계속 훑으면서) 처음부터 읽기 시작해서 "그만"이라고 할 때까지 최대한 정확하게, 그리고 최대한 빨리 읽으세요. 글을 읽다가 모르는 글자가 나오면 선생님이 어떻게 해야 할지 알려 줄게요. 최선을 다하세요. 질문 있어요? (질문이 있으면 질문에 대답한다.) 준비, 시작. (학생이 첫 어절을 말함과 동시에 타이머를 누르고 1분간 학생의 반응을 기록한 뒤 1분이 지나면 "그만"이라고 말한다.)

옛날 어느 부부가 가난하게 살았습니다. 부부는 눈먼 어머니를 모셨지요. 하루는 남편이 돈을 벌러 집을 나갔습니다.

며느리는 가난하지만, 정성껏 어머니를 모셨습니다. 자기는 못 먹어도 시어머니는 챙겼지요. 시어머니는 그것도 모르고 투정만 부렸어요. 하지만 며느리는 시어머니를 먼저 생각했답니다.

"얘야, 요즘엔 어찌 입맛이 없구나. 기름진 고깃국 좀 끓여다오."

며느리는 고기를 어떻게 구할지 걱정이었습니다. 물고기라도 잡아볼 생각으로 개울가로 나갔지요. 하지만 물고기 잡기가 쉽지 않았어요. 그런데 개울가에 지렁이가 꼬물꼬물 기어다녔지요. 며느리는 지렁이를 잡아다 국을 끓였답니다. 시어머니는 지렁이 국을 매우 좋아했습니다. 물론 시어머니는 지렁이 국인지 몰랐지요. 날마다 지렁이 국을 먹고 몸이 좋아졌답니다.

세월이 흘러 남편이 집으로 돌아왔습니다.

"어머니, 뭘 드시고 몸이 좋아지셨나요?"

어머니는 며느리 몰래 숨겨둔 지렁이를 보여 주었습니다.

"며느리가 끓여준 이것을 먹고 좋아졌단다."

"아니, 이것은 지렁이잖아요!"

"뭐라고, 내가 지렁이를 먹었다고?"

어머니는 깜짝 놀라 눈을 떴습니다.

읽기유창성 점수: ____________

▶ 사전평가와 사후평가의 지문은 학지사 홈페이지(http://www.hakjisa.co.kr)에서 내려받을 수 있습니다.

읽기이해

다음 질문에 최대한 자세히 답을 써 주세요.

(※ 쓰는 것이 어려운 학생의 경우, 구두로 답하도록 하세요.)

1 이야기에 나오는 등장인물은 누구인가요? 모두 써 보세요.

2 언제 있었던 일인가요?

3 어머니는 어떤 장애를 가지고 있었나요?

4 시어머니가 무엇을 먹고 싶다고 하였나요?

5 시어머니는 몸이 어떻게 해서 좋아졌나요?

6 시어머니가 어떻게 눈을 뜨게 되었나요?

7 눈을 뜨게 된 시어머니는 며느리에게 어떻게 하였을까요? 그것을 어떻게 알 수 있는지 글에서 찾아 써 보세요.

1) 어떻게 하였을까요?

2) 그것을 어떻게 알 수 있나요?

MEMO

MEMO

저자 소개

김애화(Kim, Aehwa)
aehwa@dankook.ac.kr

현재 단국대학교 특수교육과 교수로 재직 중이다. 단국대학교 특수교육과를 졸업하고, 미국 텍사스 주립대학교(University of Texas at Austin)에서 학습장애 전공으로 석사 및 박사 학위를 받았다. 텍사스 읽기 및 쓰기 연구소(Texas Center for Reading and Language Arts Center)에서 전임연구원(Research Associate)으로 일하였으며, SSCI 저널인 *Journal of Learning Disabilities*의 assistant editor를 역임하였고, 현재 *Journal of Learning Disabilities*의 consulting editor로 활동 중이다.

김의정(Kim, Uijung)
uijungkim@kornu.ac.kr

현재 나사렛대학교 특수교육과 교수로 재직 중이다. 부산대학교 중어중문과를 졸업하고, 미국 텍사스 주립대학교(University of Texas at Austin)에서 특수 일반 및 자폐성 장애 전공으로 석사 및 박사 학위를 받았다. 텍사스 읽기 및 쓰기 연구소(Texas Center for Reading and Language Arts Center)에서 전임연구원(Research Associate)으로 일하였으며, 캘리포니아 주립대학교(California State University, Los Angeles) 특수교육과 조교수로 재직하였다.

학령기 아동을 위한
읽기유창성 및 읽기이해 프로그램
학생용 (I 수준)
Reading Fluency and Reading Comprehension Program
for School-Age Children

2021년 3월 30일 1판 1쇄 발행
2021년 10월 20일 1판 2쇄 발행

지은이 • 김애화 · 김의정
펴낸이 • 김진환
펴낸곳 • ㈜ 학지사
04031 서울특별시 마포구 양화로 15길 20 마인드월드빌딩
대표전화 • 02)330-5114 팩스 • 02)324-2345
등록번호 • 제313-2006-000265호

홈페이지 • http://www.hakjisa.co.kr
페이스북 • https://www.facebook.com/hakjisabook

ISBN 978-89-997-2378-0 94370
978-89-997-2376-6 (set)

정가 12,000원

저자와의 협약으로 인지는 생략합니다.
파본은 구입처에서 교환해 드립니다.